# Günter Bartsch

## Vier Porträt-Versuche
von
Hanna Blumenthal
Maria Magdalena Rapp-Blumenthal
Arthur Rapp
Georg Blumenthal

Herausgegeben von Anselm Rapp

AF192036

# GÜNTER BARTSCH

# VIER PORTRÄT-VERSUCHE

von
Hanna Blumenthal
Maria Magdalena Rapp-Blumenthal
Arthur Rapp
Georg Blumenthal

Herausgegeben von Anselm Rapp

Bibliografische Information der Deutschen Nationalbibliothek: Die Deutsche Nationalbibliothek verzeichnet diese Publikation in der Deutschen Nationalbibliografie; detaillierte bibliografische Daten sind im Internet über dnb.dnb.de abrufbar.

Günter Bartsch: Vier Porträt-Versuche von Hanna Blumenthal, Maria Magdalena Rapp-Blumenthal, Arthur Rapp, Georg Blumenthal

Herausgeber und © 2024: Anselm Rapp, München

Fotos: Privatbesitz

Erstausgaben 1992–1994 im Eigenverlag
Zweite Ausgabe 2010 als PDF

Dritte Ausgabe 2024
Verlag: BoD • Books on Demand GmbH, In de Tarpen 42, 22848 Norderstedt
Druck: Libri Plureos GmbH, Friedensallee 273, 22763 Hamburg
ISBN 978-3-7597-2051-1

# Inhalt

*Hinweise*

Die vier Porträts sind in der Reihenfolge ihres Erscheinens in diesem Buch enthalten.

Am Inhalt der einzelnen Broschüren wurde bis auf die hinzugefügte Gesamtnummerierung der Seiten, eine Anmerkung zum Porträt von Maria Magdalena Rapp-Blumenthal und die entfallenen einzelnen Buchwerbungen nichts verändert.

*

Günter Bartschs „Das erste Blumenkind und der letzte Wunsch" war ursprünglich ein Werbeblatt für Georg Blumenthals Porträt. In dieser Sammlung sind sie als kleiner Bonus für die Leser gedacht.

*

Personen:

Silvio Gesell (1862–1930): Begründer der Natürlichen Wirtschaftsordnung.

Georg Blumenthal (1872–1929): erster Mitstreiter und enger Freund Gesells, mein Großvater mütterlicherseits.

Maria Magdalena Rapp-Blumenthal (1899–1992): eine der drei Töchter Blumenthals.

Arthur Rapp (1903–1990): Ehemann von Maria Magdalena Rapp-Blumenthal und somit Schwiegersohn von Georg Blumenthal.

Johanna (Hanna) Blumenthal (1898–1957): eine weitere Tochter von Georg Blumenthal und somit meine Tante. Sie nahm während der Nazizeit – wegen des jüdisch klingenden Namens Blumenthal und der damit verbundenen Repressionen – wie ihre Mutter deren Mädchennamen Führer an.

Anselm Rapp (* 1942): Sohn von Arthur Rapp und Maria Magdalena Rapp-Blumenthal und Enkel von Georg Blumenthal. Herausgeber dieses Buchs.

# Vorwort

Günter Bartsch (1927–2006) war ein Schriftsteller, der vor allem politische Themen behandelte, darunter Marxismus, Anarchismus, Rechtsradikalismus und die Freiwirtschaftslehre. Bartsch war ein profunder Kenner der Freiwirtschaftsbewegung – siehe sein Buch *Die NWO-Bewegung Silvio Gesells* –, aber kein Anhänger. Er befasste sich nicht nur mit dem wirtschaftlichen und sozialpolitischen Aspekt der Natürlichen Wirtschaftsordnung Silvio Gesells, er interessierte sich auch für die Menschen, welche sie vertraten.

Vorliegende, wie er sie nannte, Porträt-Versuche über Georg Blumenthal, seine Töchter Hanna und Maria und seinen Schwiegersohn Arthur Rapp hat Günter Bartsch Anfang der 1990er Jahre geschrieben. Die von ihm gezeichneten Menschen sind Pioniere der Natürlichen Wirtschaftsordnung Silvio Gesells, aber sie sind gleichzeitig ganz besondere, unverwechselbare Persönlichkeiten. Günter Bartsch hat sie sehr präzise und zugleich sehr feinfühlig beschrieben.

Das Interesse an der Gesell'schen Freiwirtschaft durchlief Höhen und Tiefen. Wenn der große Durchbruch bisher auch ausblieb, so kam die Stafette doch in der jüngeren Vergangenheit an. Ohne diejenigen, die sie über ein Jahrhundert lang weitergegeben haben, wäre Gesells Botschaft vielleicht vergessen. Sie haben nicht nur Gedenken verdient, ihr vielfältiges Leben ist auch interessant zu lesen.

Ursprünglich habe ich die Porträt-Versuche als einzelne Broschüren im Eigenverlag herausgegeben. Über dreißig Jahre später gebe ich sie als gemeinsames Buch heraus.

Es ist mir eine besondere Freude, nicht nur Bartschs Porträts vierer Freiwirtschaftler herauszugeben, sondern zugleich diejenigen meines Großvaters, meiner Tante und meiner Eltern. Möge ihr lebenslanges großes Engagement wieder die gebührende Aufmerksamkeit erhalten.

Anselm Rapp, im Juli 2024

Ihr Spitzname: Iwan der Schreckliche

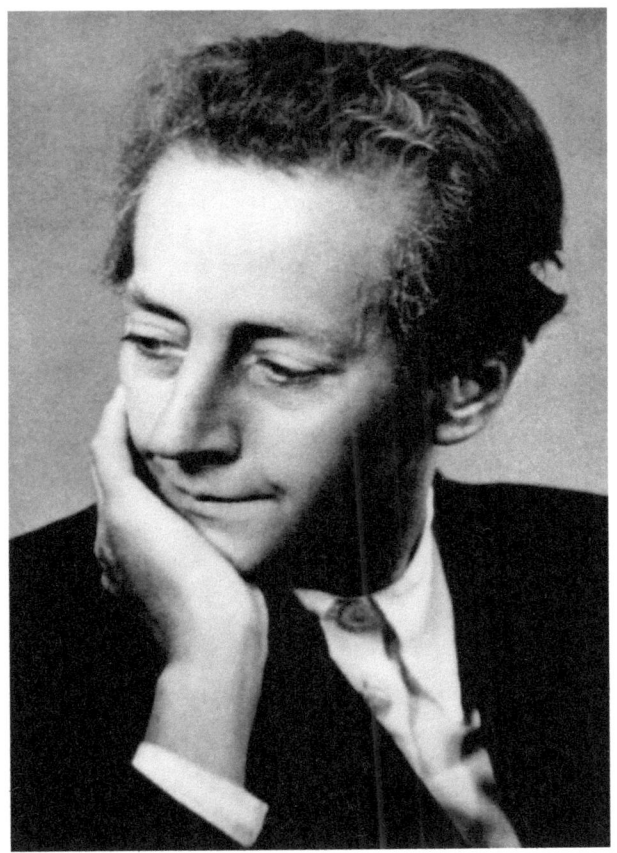

Versuch eines Porträts von
# Hanna Blumenthal
der Kämpferin und Dichterin

von
Günter Bartsch

Am Ende eines jeden Jahrhunderts werden die Weichen der Weltgeschichte neu gestellt, wobei in einer stets ausreichenden Zahl von Menschen neue Fähigkeiten, exemplarische Bedürfnisse und originelle Ideen aufbrechen. Es ist, als würde ein Fazit gezogen und zugleich die Keimkraft der Zukunftsimpulse abgeschätzt.

In der Regel treten neue Bewegungen auf: kulturelle, soziale und spirituelle. In Deutschland sind es vor allem die der Wandervögel und Lebensreform. Aber auch Stirner und Nietzsche kehren ins öffentliche Bewußtsein zurück. Stirner hat den "Einzigen" proklamiert, dessen Eigentum seine Eigenheit sei und dem nichts über sich selbst gehen sollte. Nietzsche prophezeite die Heraufkunft des Übermenschen aus den "Allzuvielen" und eine steigende Flut des Nihilismus. In diese Denkmuster weben sich viele individuelle Fäden ein. Stirner und Nietzsche werden manchmal auch miteinander verknüpft - wie durch Georg Blumenthal, den Vater Hannas, der in Silvio Gesell seinen Meister gefunden und die fisiokratisch-freiwirtschaftliche Bewegung für eine Natürliche Wirtschaftsordnung in Gang gebracht hat.

### Gesell, Stirner und der Wandervogel

Hanna Blumenthal wird am 16. Oktober 1898 geboren, in eine Zeitenwende hinein, die ihr Schicksal tief und nachhaltig beeinflußt. Sie scheint für alle neuen Strömungen empfänglich zu sein. Ihre beiden Schwestern Maria und Lotti sind hauptsächlich künstlerisch interessiert, Hanna auch sozialreformerisch. Allerdings spielt sie Geige und malt schöne Landschaftsbilder, Aquarelle, die mit leichter Hand verschenkt werden. Einmal, als auch Nachbarn im Haus sind, improvisiert Hanna einen Sketch, in dem sie fast naturgetreu die Rolle eines hungrigen Landstreicher spielt. Das ist auch eine Abschiedsvorstellung für Silvio Gesell, der am nächsten Morgen abreisen muß.

Nie wird Hanna vergessen, wie er zum ersten Male in ihrem Elternhaus erschien: lachend, braungebrannt, mit einem großen Kuchen für die Kinder. "Seine Stimme klang etwas fremdländisch, aber doch gut und fröhlich." Sogleich hatte er die Kinder für sich gewonnen, nicht durch Schmeicheleien, sondern durch seine frische und natürliche Art, auch durch seine Großzügigkeit.

Hanna ist damals 7 Jahre alt. Sie bewundert diesen Mann mit seinen blauen Augen unter einer wuchtigen Stirn, der viel vitaler ist als ihr Vater und wohl nie so schwermütig wie dieser. Silvio Gesell wird ihr Übervater, an dem sie mit stürmischer Zuneigung hängt. Kein anderer Mann gewinnt je wieder ihre Liebe.

Im Juli 1915 kommt noch ein Bruder dazu - Hans-Joachim. Hannas Vater scheint auch sein Vater zu sein. Er ist jedoch der Liebschaft zwischen Silvio Gesell und ihrer Mutter Jenny entsprossen. (Das enthüllt sich dem Sohn erst nach dem Tode Georg Blumenthals.) Hanna, die inzwischen Stirner gelesen, dessen Schriften sie im Bücherschrank ihres Vaters gefunden, wird Hans-Joachims Advocatus Diaboli. Mit philosophischer Begründung will sie ihrem (Halb-) Bruder weismachen, daß auch Lügen "gut" sind, wenn mit ihrer Hilfe einem anderen Menschen Kummer oder Enttäuschung erspart werden können. Hinter dem Versuch, Lügen schmackhaft zu machen, steht ein warmes Mitgefühl.

Alle drei Schwestern schließen sich der Wandervogelbewegung an, sobald diese - ursprünglich auf Jungen beschränkt - auch Mädchengruppen bildet. Sie ziehen hinaus in die Wälder und Berge. Am begeistertsten ist Hanna, die sich aus dieser Zeit eine starke Naturverbundenheit bewahrt, obwohl sie eigentlich dem intellektuellen Typus angehört. Unter dem Einfluß des Wandervogels neigt sie mehr und mehr dem Pantheismus Spinozas zu, der Gott in die Natur und das All verlegt. (Schleiermacher nannte den Pantheismus "die heimliche Religion der Deutschen", Schopenhauer "die vornehme Form des Atheismus".)

Von den Wandervogelliedern gefällt Gesell das vom "Jäger in dem grünen Wald" am besten. Er will es immer wieder hören. Zuweilen brummt er die Melodie mit, wenn die drei Mädchen singen, doch jedesmal muß er lachen, wenn "die Hasen sich am Bart kratzten" (wie es in der 3. Strophe heißt.) Dann geht das Singen in allgemeinem Gelächter unter. Auch dieses Erlebnis wird Hanna wie ein Kleinod bewahren.

Schmerzlich für alle Töchter ist die Trennung der Eltern. Doch zuweilen kommt Georg Blumenthal für ein Wochenende nach Neu-Milzow in Pommern, wo die Mutter mit Unterstützung Silvio Gesells einen Bauernhof erworben hat. Die Freundschaft der beiden Männer scheint unerschütterlich zu sein. Haben nicht beide auf die freie Liebe gesetzt? Obwohl die Zeitung DER PHYSIOKRAT von der Kriegszensur verboten wird, flammt in Georg Blumenthal wieder die Begeisterung auf, wenn er seinen großen Freund und Meister über alle Mißerfolge lachen hört. (Ihm selbst sind manchmal die Tränen gekommen.) Dieser Enthusiasmus steckt auch Hanna an. Sie ist gleichsam die Dritte im Bund.

### Höher sah sie nie ein Ziel

Sämtliche Blumenthal-Töchter verehren und vergöttern Silvio Gesell. Hanna ist sich jedoch am meisten bewußt, was es heißt, dem Schöpfer einer neuen sozialen Bewegung und einer neuen Lehre zu begegnen. Sie will ihm mit allen Kräften helfen, die Idee einer Natürlichen Wirtschaftsordnung zu verbreiten und ins Leben umzusetzen. Silvio Gesell ermutigt Hanna mehrmals, Artikel und Aufsätze für die Zeitschrift FREIWIRTSCHAFT zu schreiben. Sie wird zu seiner Vertrauten. Entflammt von Gesells Idee, die sie als menschheitsbefreiend empfindet, verfaßt Hanna ein Kampflied für die NWO-Bewegung:

> Höher sah ich nie ein Ziel
> aus den Zeiten ragen,
> niemals wuchs ein größres Werk,
> aus der Menschheit Klagen.
> > Kameraden, schließt die Reih'n!
> > Wir, wir sind die ersten,
> > die auf starken Schultern
> Weltenschicksal tragen.
>
> Noch hat unser Feind die Macht,
> noch regiert der Staat.
> Heimlich flackert, trotz Gewehr
> und Gummiknüppel, Flammensaat.
> > Kameraden, braucht die Waffe

die uns einzig blieb: das Wort.
Einmal kommt der Tag der Reife
und das Wort entfacht die Tat.

Die Erkenntnis, die uns wurde,
trägt in alle Welt das Wort,
bringt Verzweifelten das Hoffen,
reißt die Träumer mit sich fort.
Kameraden, auf zum Sturm!
Keine Kugel trifft die Taten!
Euer muß die Erde werden
trotz Lüge, Zuchthaus, Mord.

In einem kommunistischen Kampflied heißt es: "Einmal kommt der Tag der Rache!" Hanna Blumenthal spricht in dem ihrem vom Tag der Reife. Sie weiß von dem anderen Lied.

Ihre eigene Reife wird durch eine schwere Krankheit beschleunigt. Im Alter von 19 Jahren fällt sie auf einmal um, ihre Glieder zucken, während Schaum auf die Lippen tritt. Seitdem ist Hanna Epileptikerin; sie hat eine unheilbare Krankheit.

Was für andere ein unüberwindbares Hindernis, sich sozial und politisch zu betätigen, scheint für diese Tochter Georg Blumenthals noch ein Ansporn zu sein. Nun erst recht! Gehört sie nicht auch körperlich zu den Verdammten dieser Erde?

### Gedankenreiche Publizistin

Ihre Beiträge für die Zeitschrift FREIWIRTSCHAFT zeichnen sich sowohl durch Leidenschaft als auch durch Sachlichkeit aus - zwei Merkmale, die sehr selten zusammenkommen. Sie vereinigen Gefühl und Verstand, wodurch sie weit lebendiger wirken als jene Aufsätze, die von Männern verfaßt sind und lediglich den Kopf sprechen lassen. Auch fehlt ihnen jene Ironie und Überheblichkeit, welche die Beiträge mancher NWO-Intellektuellen allzu scharf salzen. So in der Polemik gegen alle Kritiker der Gesellschen Freigeldtheorie, denen entweder "Mißverständnisse" oder "Widersprüche" nachgesagt werden. Hanna Blumenthal hält dieser Ironie und Überheblichkeit einen Ausspruch von Mackay entgegen: "Verstehen ist mehr als Verachten!"

Die freiwirtschaftlichen und fisiokratischen Organisationen der NWO-Bewegung haben - vor allem in Deutschland - einen männerbündischen Zug. Nicht nur die Zahl der weiblichen Mitglieder, auch ihr Spielraum und ihr Selbstbewußtsein ist sehr gering. Ausnahmen können an den Fingern abgezählt werden. Daraus hervor ragen Herta Heimberg und Hanna Blumenthal. Was die erstere für den Freiwirtschaftsbund, ist die zweite für den Fisiokratischen Kampfbund. Sie wird 1924 in dessen Aktionsausschuß gewählt. Darauf ist Hanna stolz, aber ohne Hochmut. Diese Wahl macht sie noch verantwortungsbewußter und aktiver.

Allein im Jahr 1924 veröffentlicht sie 23 Artikel und Aufsätze. Das ist eine publizistische Fülle, die innerhalb der NWO-Bewegung nicht ihresgleichen findet.

Besonders interessant erscheint mir ihr Aufsatz über die Naturherrschaft (Akratie). Schon die 1913 gegründete Physiokratische Vereinigung habe durch die natürliche Wirtschaftsordnung zu einer natürlichen Lebensordnung kommen wollen. Aber was heißt "Natur" und "natürlich"? Hanna Blumenthal schlägt vor, sich an die unwandelbaren Naturgesetze statt an die stets wechselnden Erscheinungen zu halten. Was von Pflanzen und Tieren aussterbe, lebe anscheinend im Konflikt mit dem Naturgesetz, "das stärker ist als die ihm widersprechende Eigenart und sie vernichtet." Diese Disharmonie sei als unnatürlich zu bezeichnen, während die harmonische Übereinstimmung mit dem Gesetz als natürlich angesehen werden könne.

Kultur, die sie als bewußte Anwendung des Gesetzes umschreibt, ist für Hanna Blumenthal die höchste Entwicklungsform der Natur. Allerdings nur ihrer Idee nach. Praktisch enthält sie viele Todeskeime. Die Fisiokratie soll innerhalb des menschlichen Lebens das Natürliche zur Herrschaft bringen, wodurch sie Gesetz und Erscheinung in Übereinstimmung brächte. "Davon erwarten wir die höchsten Glücksmöglichkeiten. Wir sind eben Egoisten und sind es mit gutem Gewissen, weil wir im Egoismus jene starke Triebfeder sehen, die, anstatt dem 'Göttlichen' entgegenzuwirken (wie immer die Kirche betont, jedenfalls um gefügige Knechte zu haben) es geradezu auf dem kürzesten Wege zur Entfaltung in diesem 'Jammertal' bringt."

Nicht alle Naturgesetze sind schon entdeckt. Eins kann das andere überwinden, wenn stärkere Kräfte es vertreten ...

Aber ist denn das Parasitentum nicht auch etwas Natürliches? Gibt es nicht schon bei den Pflanzen und Tieren Schmarotzer, die auf Kosten anderer leben, sozusagen von "arbeitslosem Einkommen"? Hanna Blumenthal antwortet auf diese selbstgestellte Frage: gewiß. Bei den Pflanzen und Tieren entscheide jedoch im allgemeinen die Kraft, ihre Tüchtigkeit darüber, ob sie sich durchsetzen oder ob sie unterliegen. Anders in der Menschenwelt. "Hier entscheidet - zum großen Teil wenigstens - der Besitz." Dem natürlichen Parasitentum in der Natur steht demnach ein unnatürliches in der menschlichen Gesellschaft gegenüber. "Die Ausrottung des letzteren hingegen (durch Freiland-Freigeld) bedeutet eine Erhöhung des Lebens für alle von dieser Änderung Betroffenen. Sie bedeutet eine Annäherung an das Naturgesetz."

Eine sehr gefährliche Folgerung, wenn "Ausrottung" wörtlich genommen und physisch verstanden wird. Hanna Blumenthal will jedoch den Sumpf des arbeitslosen Einkommens trockenlegen. Allerdings würden die besten revolutionären Köpfe, denen das vorschwebe, geräuschlos durch Arbeitsentzug oder durch Totschweigen stummgemacht. Und so züchte man, durch Einschüchterung der anderen, den "Feigling, den Durchschnittsmenschen, die 'Masse', die man für seine Interessen so bequem in den Krieg hetzen kann, der die bekannte Auslese nach unten schafft. Wir wollen nur erst Freiheit schaffen und erwarten von der Auslese, was zweckmäßig ist für die Erhaltung und Steigerung des Lebens."

Dieser Aufsatz über die Naturherrschaft zeigt Hanna Blumenthals Grundeinstellung. Aus ihm ist der Umriß des freiwirtschaftlichen und fisiokratischen Weltbilds zu ersehen, in dem zwei Quellen rauschen: Stirners Anti-Philosophie und Darwins Selektionstheorie. Die Gesellsche NWO erscheint als Brücke darüber, obwohl sie ganz eigenständige Gedanken enthält, die auf keinen anderen zurückgeführt werden können.

Hanna Blumenthal schöpft aus beiden Quellen, aber hauptsächlich aus Gesells NWO, die ihr in Fleisch und Blut übergeht. Zugleich versucht sie, die geistigen Grundlagen der NWO-Bewegung zu erweitern, indem sie Probleme durchdenkt, die noch ungelöst sind. In der Weimarer Republik ist sie die einzige freiwirtschaftliche Theoretikerin (Berta Heimberg befaßt sich vor allem mit organisatorischen und praktischen Fragen).

Recht aufschlußreich scheint mir ihr Artikel über Individualismus und Zeitkritik innerhalb der NWO-Bewegung. Die Entwicklung schreite vom Einfachen zum Komplizierten fort, wie schon vom einzelligen Lebewesen zum Menschen. Max Stirner hat als erster in vollkommener Deutlichkeit "das in der natürlichen Entwicklung liegende Streben nach Einzigkeit" erkannt, "dem aber allerhand uniformierende, gleichmachende Einflüsse durch Staat und Kirche entgegenwirken."

Der Individualismus tritt als Erscheinungsform des naturgesetzlichen Strebens nach Einzigkeit auf, die nur durch Freiheit erblühen kann. Hier liege der Berührungspunkt zwischen Stirner und Gesell, "dessen Ziel ebenfalls die Befreiung des Menschen ist, seine Unterstellung unter die natürlichen Gesetze der Auslese" (so wird Darwin beigemischt). Doch wie ein Pendel, das zuerst zu weit nach rechts ausschlug, schlägt der freiwirtschaftlich-fisiokratische Individualismus in seiner Reaktion auf hemmende staatlich-kirchliche Einflüsse zu weit nach links aus:

"Wir wollen nur noch uns gelten lassen, uns hören, uns durchsetzen. Theoretisch predigen wir die Freiheit des Individuums, praktisch üben wir eine gewisse Despotie aus auf alle, die nicht ganz nach unseren Wünschen handeln, reden, schreiben."

Solche Einsicht und Selbstkritik hat noch niemand zu üben gewagt. Hanna Blumenthal ruft - wie Rosa Luxemburg ihre kommunistischen Genossen - alle Freiwirte dazu auf, nicht zu vergessen, daß ihre Freiheit an die Freiheit der anderen grenzt, welche ebenfalls respektiert werden wolle. Wer dies nicht anzuerkennen vermöge, könne nicht Mitglied einer NWO-Organisation sein. (Ein sehr strenger, einzigartiger Maßstab auf höchstem Niveau.) Ein solcher Ultra-Individualist werde inmitten seiner Isolierungsschicht viel weniger an

Selbstverwirklichung erreichen, als durch die Organisation möglich wäre. "Er wird im steten Kampf aller gegen alle seine besten Kräfte aufreiben."

Hanna möchte der Kleinlichkeit und Engherzigkeit entgegenwirken, die ihres Erachtens meist das Resultat eines übertriebenen oder falsch verstandenen Individualismus sind. Sie bringt Beispiele, wie sich dieser in freiwirtschaftlichen und fisiokratischen Zeitungen auswirkt. Ihre Schriftleiter werden von vielen Lesern laufend kritisiert und verunsichert, bis sie entweder zurücktreten oder sich anpassen. (Hanna spricht da aus eigener Erfahrung, aber sie tritt weder zurück noch paßt sie sich an.)

Zwar sei es zu begrüßen, daß sich unter den Anhängern der Gesellschen Lehre viele Individualisten befinden, doch sollten diese bedenken, daß die NWO-Schar noch relativ klein und der Gegenpartei keineswegs gewachsen ist. Sie bedarf der Schaffung einer eigenen Presse, die begabten Mitarbeitern Honorare für ihre Beiträge zahlen kann. Beides hängt von einer großen und starken Organisation ab. Bei der Mundwerbung wie bei persönlicher und schriftlicher Korrespondenz besteht immer die Gefahr, daß die privaten Auslegungen der Gesellschen Lehre allzu "privat" sind. "Der bewegende Motor ist die in der Organisation zusammengefaßte Kraft." Aber wie kann der Freiwirtschaftsbund zu einer solchen Zusammenfassung gemacht werden? Die NWO-Bewegung hat zwar die verschiedensten "Triebe" hervorgebracht, sie drücken jedoch nicht Kraft, sondern Zersplitterung aus. Ein fester Kern, ein Stamm muß erst noch wachsen. Solches Wachstum wird durch den individuellen Geltungstrieb, der ins Kraut schießt, verhindert. Falsch verstandener Individualismus droht, das gemeinsame Ziel aller Freiwirte zunichte zu machen.

Hanna Blumenthal sucht einen Modus, der möglichst große Zufriedenheit schafft, damit die kleinen Reibereien vermieden und die ohnehin noch schwachen Kräfte den wesentlichen Aufgaben zugewandt werden. Dieser Modus könnte Großzügigkeit und Freiheitlichkeit im Umgang der Freiwirte sein. Es braucht darum nicht alles hingenommen oder als gleichwertig anerkannt werden. Gewisse Trennungslinien sind zu wahren, wenn der Charakter der Sache gewahrt bleiben soll. Es geht um einen kräftebildenden Kampf, während bisher ein kräftevergeudender stattfand. Es geht auch um die

Heranbildung einer Avantgarde, die aus persönlich wertvollen Menschen besteht. "So, wie noch die Mehrheit der Menschen ist, werden wir nichts schaffen können." Sie sind durch Jahrhunderte hin verbildet worden. "**Wir** müssen wachsen, alle zusammen, an unserem großen Werk, müssen es schließlich überragen, um es zu bewältigen, um es durchführen zu können." Für die meisten Freiwirte ist die Natürliche Wirtschaftsordnung nur ein Aktionsprogramm, für Hanna Blumenthal auch ein Ansporn für inneres und gemeinsames Wachstum, sogar über Gesell hinaus. Weil sein Werk erst durch diesen Zuschuß realisierbar wird? Es fehlt ihr jedenfalls nicht an geistiger Kühnheit.

Die freiwirtschaftliche Presse soll dazu dienen, alle hinter der Gesellschen NWO stehenden Menschen fest zusammenzuschließen, wozu der aufgeblähte Individualismus in sein Maß zurückgeführt werden müsse. Die Quelle zur Entfaltung dieser geballten Kraft liege im Zusammenschluß freiheitlich gesinnter Individualisten. "Wir werden dann einen Eisenkeil bilden, der, einmal in das kapitalistische Wirtschaftssystem hineingetrieben, es unweigerlich zersprengen wird."

Hanna Blumenthal befaßt sich auch mit zinslosen Darlehen und ihrem Verhältnis zur Grundrente. Eine größere Zahl der Freiwirte erwartet vom fallenden Zinsfuß ein Sinken der Grundrente bis zum Nullpunkt. Hanna erwägt stattdessen, ob sich die Grundrente nach Einführung des Freigelds noch heben könne. Sie nimmt womöglich "um den Unterschied zwischen der Produktionsmenge zur Zeit des Dauergeldes gegenüber derjenigen unter der Herrschaft des Freigeldes zu". Wenn es aber bei der Vergabe von zinslosen Krediten schon Freiländer gibt, auf herrenlosem Boden siedelnde Ackerbauern, kann sich der Vorteil solcher Kredite nicht in der Grundrente niederschlagen, "weil er durch die steigenden Löhne aufgehoben wird". Dennoch sei zu prüfen, wie sich das Freigeld im einzelnen auf die Grundrente auswirken dürfte und welche Maßnahmen getroffen werden sollten, um menschlicher wie wirtschaftlicher Höhenentwicklung den Weg frei zu machen. "Wir müssen in dem Augenblick, der uns die Macht in die Hand gibt, umfassend handeln können ... Im anderen Falle würden sich voraussichtlich Komplikationen ergeben."

Für Hanna Blumenthal ist es sicher, daß die politische Macht eines nahen Tages dem Freiwirtschaftsbund zufallen wird. Sie befürchtet aber, daß die 8 Millionen Sparbuchinhaber der Weimarer Republik auch 8 Millionen Feinde der Freiwirtschaft sind, weil sie durch diese ihren Zinsertrag gefährdet sehen. Für die meisten Gesellianer steht der Freiwirtschaft nur ein Häuflein großer Rentiers entgegen - eine "hauchdünne Schicht", die weggeblasen werden könne.

Von den 8 Millionen halten viele die "Freigeldleute" für Gegner des Sparens. Tatsächlich wird es von den meisten als Horten ausgelegt, das zur Absatzkrise führe. Hanna heißt das Sparen nicht schlechthin gut, die "Anhäufung eines Vorrats", der dem Bedarf entspricht, jedoch für berechtigt. Es sollte eine "Reserve für Zeiten der Not" angelegt werden können. Dies sei ja der Sinn des Sparens. Aus ihrer reichen Kenntnis des Tierreichs rühmt sie Hamster, Bienen, Ameisen und Fischottern, die Vorratskammern anlegen. Den Vorschlag ihres Vaters, jede Familie möge Konsumgüter speichern statt Geld zurückzulegen, scheint Hanna wenig praktikabel zu finden. Sie rechnet aus, daß auf jeden Bürger der Weimarer Republik, wenn die derzeitige Sparsumme verteilt würde, nur ca. 818 Mark entfielen, was im allgemeinen den Rahmen einer Notreserve wahre. Daneben könnten auch Warenvorräte oder Wertpapiere angelegt werden, wie schon während des Krieges. Aber all das beseitigt die Klassenunterschiede nicht. "Ein allgemeines Sparen in dem Umfang, daß dadurch der Klassenstaat beseitigt würde, hat schon den Abbau des Klassenstaates zur Voraussetzung." Je größer die Not auf Seiten der Entrechteten, umso zwingender ist die Zertrümmerung des Klassenstaates. Gerade die "Bäcker" müssen am meisten hungern. Grundsätzlich dürfe auch nur so viel produziert und gespart werden, wie auf der anderen Seite weniger produziert und mehr verbraucht wird. Jedenfalls muß das Gleichgewicht zwischen Produktion und Konsum gewahrt oder wiederhergestellt werden.

Hanna ist eine Grüblerin. Sie kann Tag und Nacht grübeln, tut es aber auf eine tiefgründige Weise. Zum Beispiel darüber, wie eine freiwirtschaftliche Regierung aussehen müßte.

Das Scheitern des Freigeld-Volksbegehrens und die niederschmetternd geringe Stimmenzahl des Freiwirtschaftsbundes bei den Reichstagswahlen vom 4.5.1924 beenden solche Grübeleien abrupt. Wie von einem mächtigen Schwerthieb getroffen fällt der Freiwirtschaftsbund auseinander. Er spaltet sich am 11. Mai - eine Woche nach den Wahlen - in Freiwirtschaftler und Fisiokraten. Aus den letzteren geht der Fisiokratische Kampfbund (FKB) hervor. Dieser beschließt ein revolutionäres, auf den Umsturz des parlamentarischen Systems gerichtetes Programm, das eine provisorische Befreiungsdiktatur vorsieht.

Auch Hanna Blumenthal unterschreibt dieses Programm. Als Mitglied des dreiköpfigen Aktionsausschusses soll sie es sogar verkörpern. Hanna vertritt im Fisiokratischen Kampfbund das gesamte weibliche Geschlecht. Gilt sie doch nicht nur als beste Fisiokratin, sondern auch als Frauenrechtlerin. Ihre Wahl in den Aktionsausschuß - neben Gesell und Bur Suhren - ist eine hohe Auszeichnung und persönliche Anerkennung. Außerdem wird ihr die stellvertretende Schriftleitung der theoretischen Zeitschrift FREIWIRTSCHAFT anvertraut, die Gesell dem Freiwirtschaftsbund (FWB) entzieht und dem FKB übereignet.

Der Aktionsausschuß scheint das oberste Organ des Kampfbundes zu sein. Aber im Hintergrund zieht der Geschäftsführer Hans Timm seine Fäden. Zwischen ihm und Hanna Blumenthal beginnt ein stilles Ringen. Der eine ringt um die Macht, die andere um ein hohes Niveau der publizistischen und organisatorischen Tätigkeit. Beide sind Schüler Silvio Gesells, aber gegensätzliche.

Im Juni 1924 bespricht Hanna Blumenthal Graf Keyserlings "Reisetagebuch eines Philosophen". Sie tritt in dieser Rezension der Ansicht entgegen, daß es mit Europa zu Ende geht. Gerade der Europäer hat sich als besonders spannkräftig und entwicklungsfähig erwiesen. Was Toynbee später als "Herausforderung" bezeichnen wird, nennt schon Hanna Blumenthal einen Ansporn. Allerdings würden noch immer unsagbar viele Kräfte in mörderischen Kriegen vergeudet. "Bildet das Gebiet des Geistes nicht einen Kampfplatz, der unser würdiger ist, der uns alle aufwärts führen könnte, statt daß wir uns mit allen Schikanen vernichten, zum Krüppel schlagen lassen?" Die Stärke des Europäers liegt nicht im Ertragen und Anpassen, sondern im erkenntnismäßigen Formen gesunder Lebensbedingungen. Darauf sollten sich alle einen, die wahrhaft leben wollen. "Der Feind hat ihnen die Schnur um den Hals gelegt." Warum zögern noch viele? Der lange gefangene Vogel fürchtet die Freiheit; sie ihrerseits ist nur dem gesonnen, der sie zu leben wagt.

Man beachte, daß die Verfasserin Freigeld und Freiland nicht einfach zu Voraussetzungen gesunder Lebensbedingungen erklärt, sondern an die Vitalität und Eigenart des Europäers appelliert. Stets sucht sie eine nichtkonforme Ausdrucksart jenseits der NWO-Ideologie.

In einem anderen Beitrag vergleicht Hanna Blumenthal die Auswanderungswellen nach Amerika mit der geschichtlichen Völkerwanderung. Die Arbeitsteilung der modernen Gesellschaft hat ein gut funktionierendes Geldsystem zur unerläßlichen Grundlage. "Versagt das Geld seinen Dienst, so muß das ganze ungeheure Gebäude, das auf demselben errichtet ist, zusammenbrechen. Und jeder, der irgend dazu in der Lage ist, sucht sich durch die Flucht dem Zusammenbruch zu entziehen ... Wer es irgend möglich machen kann, der wandert aus: die Elite des Volkes, die kräftigen, unternehmenden Menschen ..."

Steht der Zusammenbruch nahe bevor? Hannas Denken ist bis zu einem gewissen Grade von der monetären Geschichtsauffassung bestimmt, wonach die letzte Wurzel aller Kriege und Kulturuntergänge ein zerrüttetes Geldwesen sei. Sie macht jedoch geltend, daß jene Stämme, die auf Völkerwanderung gingen, gemünztes Geld überhaupt nicht kannten, auch noch keine Arbeitsteilung. Wegen Fehlen eines Tauschvermittlers stieß ihr "Handel auf zu große Schwierigkeiten". Auch dies könne sie in Bewegung gesetzt haben. Ein neuer und frischer Gedanke.

Andererseits übersetzt Hanna Blumenthal aus dem Englischen einen Artikel, der die doktrinäre Spielart der monetären Geschichtsphilosophie zu bestätigen scheint. Wie Alexander Del Mar sieht sie das Geld als mächtigste Maschine, die der Mensch seiner Leitung unterwerfen kann.

In einem weiteren Aufsatz wird das Unternehmertum von der Hochfinanz abgegrenzt. Wie das Geld mit dem Blut des Volkskörpers, so sei das Unternehmertum mit dem Blut des Volkskörpers, mit dem leitenden und verteilenden Adersystem dieses Körpers vergleichbar. Es hat eine volkswirtschaftliche Funktion. Von der zweckdienlichen Erfüllung dieser Funktion hängt außer seinem eigenen Geschick das Glück oder Unglück von Millionen ab. Im subjektiven Gewinnstreben des Privatunternehmers ist der Nutzen der Allgemeinheit verankert. Doch bedarf er einer regelmäßig fließenden Kreditquelle, die ihn von der Hochfinanz unabhängig macht, und eines krisenfreien Geschäftslebens auf der Grundlage stabiler Währung. Diese Bedingungen kann ihm nur die Freiwirtschaft verschaffen. Sie werden von der Hochfinanz noch verhindert. "Wenn der Umsatz wächst, dann kommt Rockefeller und erschlägt die Eigentümer." Selbst wenn der Privatunternehmer zugleich auch Kapitalist ist, hat er Grund genug, die Gesellschen Reformen zu befürworten. Hanna Blumenthal möchte viele Unternehmer, die mangels genügendem Eigenkapital "zugleich auch Kapitalisten sind oder sein müssen", aus dieser Zwiespältigkeit erlösen.

Sie ist die Dichterin der NWO-Bewegung und träumt vom kommenden Reich, das freilich mit harten Fäusten errichtet werden müsse:

> Ich sehe durch Nacht und Nebel
> von Glanz und Erwartung erfüllt
> ein Reich, das Reich der Freiheit,
> dem unser Sehnen gilt.
>
> Ich sehe Zinnen und Türme
> einer wahrheitdurchsonnten Welt,
> ich seh', wie von Sklavenarmeen
> die letzte Kette fällt.
>
> Und ich sehe hohe Stirnen
> und Schönheit im leuchtenden Blick:
> ich habe das Reich erschauet -
> es gibt für mich kein Zurück.

Die Weltenwende dämmert,
Ihr Kämpfer, seid bereit!
Schwingt Eure glänzenden Waffen -
ich weiß es: Ihr siegt im Streit!

## *Die ersten Zweifel*

Hannas Gewißheit und Überzeugung scheinen unerschütterlich zu sein. Dennoch taucht zuweilen ein kleiner Zweifel auf, der an ihr nagt.

Der Fiosiokratische Kampfbund ist in ihrer Darstellung eine Organisation, die nur auf sich und nicht auf die Anderen baut. Aber kann er es alleine schaffen, das Reich der Freiheit aufzubauen? Als einzige nach ihrem Vater befaßt sie sich mit den französischen Urphysiokraten. Mit Bezug auf ihre Lebensanschauung sei eine weitgehende Übereinstimmung festzustellen. Durch die Jahrhunderte fließe ein immer wieder gestauter Willensstrom, der erst in Gesells Strukturreformen den gangbaren Weg zum Ziel gefunden, das ihm gemäße Flußbett. Alle vorangegangenen Kräfte hat er zusammengefaßt. "So wenigstens sind wir berechtigt, anzunehmen, bis seine Theorie stichhaltig widerlegt wird, was bisher nirgends geschehen ist." Aber könnte es nicht noch geschehen, vielleicht sogar durch einen Freiwirt, der über Gesell hinauswächst?

Was Begeisterung weckt an seinem Werk und einen neuen Lebensinhalt zu geben vermöge, sei letzten Endes nicht die Freude an einem klar durchdachten nationalökonomischen System, eher das Bewußtsein des großen Willensstroms zur Freiheit, der vielleicht schon Jahrtausende gestaut war, bis Quesnay die Schleuse zum erstenmal etwas öffnete. Doch das kommende Reich der Freiheit ist in Nebel gehüllt, "und ich gestehe, daß ich selbst noch Klarheit suche". Die Fisiokraten sind Dynamiker. "Sollen wir uns denn überhaupt festlegen auf etwas, das doch erst viel später kommen wird?" Hanna Blumenthal glaubt schon nicht mehr daran, dieses ersehnte Reich noch selbst zu erleben.

Unter Freiheit stelle jeder sich etwas anders vor. Sie sei im Grunde eine negative Forderung. "Eigenheit, das ist die positive Forderung, und die

Freiheit ein Mittel, das unerläßliche Mittel dazu." So kommt Hanna wieder auf Stirner zurück.

Wenn der von Gesell gewiesene Weg - nach den ungangbaren Wegen von Quesnay und Proudhon - auch der rechte sei, müßten doch Sicherungen geschaffen werden, daß er wirklich beschritten wird. "Starke Mächte sind daran interessiert, uns die Weichen falsch zu stellen. Die Änderung erscheint zunächst nur minimal, fast unmerklich, und wir kommen doch auf ein totes Gleis. Das Ziel muß als Kompaß dienen."

Nur tiefbegründete Begeisterung wird angesichts der großen und schweren Steine, die auf dem Wege liegen, bis zum siegreichen Ende gehen. Sie muß daher in allen Mitkämpfern geweckt werden. "Wenn wir ihnen nur von wirtschaftlichen Theorien erzählen, wird allenfalls ihr Verstand gepackt sein." Aber der Mensch lebe letztlich von Gefühlskräften. Ihm sei die Wirtschaft nicht um der Wirtschaft willen da, sondern um seinem Selbstbeglückungstrieb zu frönen. Erst wenn man sich an diese im Zentrum aller Wesen verankerte Quelle des Strebens wendet, wird es gelingen, "**Menschen** zu werben."

Auch die Freiwirtschaft könne nicht um ihrer selbst willen angestrebt werden. Sie sei die Brücke zu Kulturzielen. Jene, die sie herbeiwünschen, möchten ihre Eigenheit entfalten. Sie ist keine Sache der Mehrheit. "Was nützt es, die Masse zu haben, wenn sie sich nicht klar ist über das, was sie will. Das haben wir in unserem eigenen Bunde und zuvor schon bei den Sozialdemokraten gesehen."

Solche Durchschnittsmenschen säßen wie Affen im Zoo hinter Gittern, die aus Paragraphen geschmiedet sind. "Wer solche Zustände für wünschenswert hält, der kann ihm ja unter dem Zeitalter der Freiwirtschaft ruhig huldigen, er kann Siedlungen mit beliebigem Paragraphengitter gründen." Der sie produzierende Staat müsse schon **vor** Einführung der Freiwirtschaft abgebaut werden. Nicht die Wirtschaftsreform kommt als erstes dran. "Der neue Inhalt, den wir der neuen Lebensform geben wollen, muß vom ersten Versuch auch die bestehende Form umprägen - er paßt in diese Form einfach nicht hinein."

Hanna Blumenthal fordert nicht nur den Abbau des Staates, sondern auch den der NWO-Organisationen! Offenbar ist sie der Ansicht, diese beiden Vorgänge müßten einander ergänzen. Vom Staat wie von der Organisation soll nur jener Rest übrigbleiben, der geeignet ist, dem Menschen zu dienen. Alles Herrschaftliche und Zentralistische muß ausgemerzt werden, da auch die NWO-Organisationen dahin tendieren, ihre Mitglieder zu Untertanen zu machen.

Es gebe keine Idee und kein Ziel, die nicht entstellt, herabgewürdigt und ausgelöscht werden könnten. Wie beim Kommunismus in Rußland werde es auch bei der Freiwirtschaft an den Bonzen liegen, wenn sie unverwirklicht bleibe! Da müsse man auf der Hut sein und dürfe sich nicht durch schöne Worte täuschen lassen.

### *Der Konflikt Hans Timm - Hanna Blumenthal*

Das sind skeptische Töne, die in den Zweckoptimismus des Fisiokratischen Kampfbundes nicht hineinpassen. Dieser hält, wie die KPD, seinen politischen Triumph für eine historische Gesetzmäßigkeit. Hans Timm fühlt sich zu Unrecht als "Bonze" verdächtigt. In oppositionellen Kreisen des FKB, die gegen seinen Arbeitsstil rebellieren, wird er freilich sogar "der Oberbonze" genannt. Eitel spiegele und drehe er sich in der Sonne Silvio Gesells. Mit der WÄRA - einer Art Freigeldersatz in Form von Bons - glaubt Hans Timm, den realen Weg zur Verwirklichung der Freiwirtschaft gefunden zu haben, in Deutschland wie in der ganzen Welt. Durch die WÄRA lasse sie sich in 10 Jahren erobern.

Auch Hanna Blumenthal ist für eine unverfälschte Einführung der Freiwirtschaft. Auch sie glaubt an deren schließliche "Weltherrschaft", faßt jedoch zugleich die Gefahr der Entgleisung ins Auge. Durch Bonzen könnten die Weichen falsch gestellt werden: nicht ins Leben, sondern auf ein Abstellgleis. Diese Angst schnürt ihr die Kehle zu.

Beide sehen im Staat den Hauptfeind der Freiwirtschaft. Aber Timm glaubt, ihn durch die WÄRA unterwandern zu können. Für Hanna Blumenthal setzt schon die Gesellsche Währungsumstellung den Abbau des Staates voraus.

Überhaupt sei der Anfang "nicht grundsätzlich auf die Wirtschaftsreform festzulegen". Staat und Wirtschaft müssen wechselseitig und fortlaufend umgebaut werden. Das sei nicht durch einen einmaligen Akt, etwa durch ein revolutionäres Dekret, zu erreichen. Das freiländische Pachtland ist durch eine "Volksbehörde", nicht durch den Staat, zu verwalten. Die Reformen des Geld- und Bodenwesens werden Zölle, Kriege, Arbeitslosigkeit und Massenarmut beseitigen. "Fallen diese Hemmungen, wird die Wirtschaft frei von ihnen, so haben wir Frei**wirtschaft** - obwohl noch nicht die **Frei**wirtschaft." Zu dieser führe ein langer Weg, ein Prozeß, der nicht im voraus befristet, geschweige denn abgesteckt werden könne.

Im Konflikt Timm-Blumenthal ringen das männliche und das weibliche Prinzip miteinander. Timm denkt rational und verstandesmäßig, Hanna Blumenthal läßt ihr Herz, ihr Gefühl und ihre Intuition sprechen. Männliche Formkraft und weibliche Seinskraft prallen aufeinander, statt sich zu vereinen. Die Formkraft fühlt sich als Herr der Geschichte, die Seinskraft erwägt das Unberechenbare - und läßt die Angst zu, welche von der Rationalität ständig verdrängt wird.

Hanna befaßt sich mit der modernen Psychologie, auch mit der Psychoanalyse, derzufolge das seelische Leben streng determiniert, also unfrei, wenn nicht vorgeprägt ist (so vor allem Pfister, ein Schüler Freuds). Sie selbst meint dazu, durch Entfaltung zur Eigenheit könnten die Vorschriften und der Zwang abgebaut werden, die den Einzelnen in seiner Entwicklung behindern. Jeder Mensch müsse sich gemäß seiner Eigenheit selber aufbauen.

Wie wird der tiefgründige Konflikt Timm-Blumenthal gelöst? Administrativ, verwaltungs- und aktenmäßig. Recht hat, wer die Macht hat. Timm verdrängt Hanna Blumenthal aus dem Aktionsausschuß (sie wird natürlich "abgewählt"). Dann bringt er diesen durch Verschmelzung mit der Geschäftsführung, welche inzwischen zu einem 4-köpfigen Apparat erweitert und umgeformt worden ist, unter seine Kontrolle.

Auf dem Bundestag des FKB Berlin 1929 beantragt Hans Timm vor Eintritt in die Tagesordnung: "Wer auf Grund bisheriger Beschlüsse als das Programm nicht anerkennend betrachtet werden muß, ist auf dem heutigen

Bundestag als **Nichtmitglied** zu behandeln. Es gehören dazu: Hanna Blumenthal, Maria Blumenthal, Arthur Rapp, Schröer, Scharfe, Hunnerich." Die ersten vier hätten "gemeinsam mit Anna Maria Burmeister gegen die programmatische WÄRA-Aktion gearbeitet ..." Bei einigen Stimmenthaltungen wird der Antrag Timms mit 25 gegen 9 Stimmen angenommen.

So ist Hanna Blumenthal, die einmal an der Spitze des FKB mitgestanden, schlagartig in den Status eines Nichtmitglieds hinabgedrückt. Sie kann, wie die fünf anderen Ausgeschlossenen, den weiteren Verhandlungen des Bundestags nur noch als Gast beiwohnen. Ihr wird jetzt nicht nur Kritik an der WÄRA-Aktion zur Last gelegt, sondern auch die Vorenthaltung von 1.000 Reichsmark, welche ihr Fr. Weidauer testamentarisch zur freien Verfügung für fisiokratische Zwecke vermacht. Hans Timm will beweisen, daß es "der Gedanke der Fr. Weidauer war, den Fisiokratischen Kampfbund als Erben einzusetzen" (Protokoll), nicht eine Einzelperson. Er kann jedoch den Bundestag davon nicht überzeugen.

Endgültig wird der Fall Hanna Blumenthal so geregelt, daß sie sich durch Einstellung der Beitragszahlung selber aus dem FKB ausgeschlossen habe. Hanna erklärt, in der Tat keine Beiträge mehr zahlen zu wollen, seitdem der Fisiokratsche Kampfbund auf das Niveau von Hans Timm gesunken sei. Damit schließt sich der Vorhang. Das ist für Hanna besonders schmerzlich, weil sie noch den Tod ihres Vaters verkraften muß.

Auch **Anna Maria Burmeister** wird aus dem Kampfbund hinausgefeuert, Hannas Freundin, mit der sie in der Geschäftsstelle des FKB gut zusammenarbeitet. In ihrer nächsten Ehe heißt sie Zwintschert. Für sie ist der folgende Abschiedsbrief mitgedacht:

Hanna Blumenthal an ihre FFF-Gegner im Physiokratischen Kampfbund:

> Ihr wollt "Freiheitskämpfer" sein - und warum?
> Ihr fühlt Euch nicht gewachsen der Kritik und sucht sie auszuschalten.

Euch ist die Freiheit nur der Anerkennungsschein,
um so erbärmlich, wie Ihr seid, zu sein.

Das Werturteil, das ich zu fällen wage,
verletzt schon Euer "individuelles Recht",
Ihr seht in mir, weil Ihr mir nicht behagt,
gleich überwundner Vorurteile Knecht -
als gäbe es ein Leben ohne werten,
als fordre Freiheit nicht Kritik und Kampf.

Wenn ich, vom Zweck geleitet, mich behaupte,
von einem Zweck der nicht im heute endet,
hofft Ihr, indem Ihr mir "Moral" zum Vorwurf macht,
daß sich mein Kurs in Eure Niedrung wendet.
Sucht nur im Staube Euren kleinen Vorteil:
Mein Weg ist weit - und ist für Euch zu steil.

*

O Einsamkeit, die mich so tief umfängt,
gib mir die Kraft, mich weiter zu entfalten;
laß mich, wie einst ich den Philister überwand,
mich länger nicht zu diesen "Freien" halten -
die einst mir Freunde waren.

Schon höre ich durch meine junge Stille
ein schönheitstrunknes, stolzes Klingen;
zur Freiheit rufen tausend erz'ne Glocken
und tragen mich wie große, helle Schwingen.
Auf meinen Waffen glänzt der Sonnenschein:
Der Starke ist am mächtigsten allein.

Der Weg liegt vor mir, klar und morgenhell,
in eine Freiheit, die Ihr nicht geschaut,
in eine Freiheit, die der Lebensfreude,
der Schönheit ihre hohen Tempel baut.

Der Weg, den Ihr gewählt, führt in die Nacht zurück;
Vielleicht, daß ich Euch manchmal unterliege -
und doch: Mein Streben noch durchflutete ein Glück,
das Euch nicht wird durch Eure kurzen Siege.

*Tiefsinnige Gedanken über Gesells Tod*

Am 11. März 1930 stirbt Silvio Gesell. Hanna Blumenthal befindet sich zu dieser Zeit in Italien. In Nervi, an der Küste nahe Genua, erhält sie die Nachricht von seinem Tod. Ein schrecklicher Schmerz krampft ihr Herz zusammen. Sie geht ans Meer und sieht die Schiffe hinausfahren in jene große Weite, die auch Gesell oft gelockt. Dann kehrt sie um und geht in die Berge, vorbei an Gartenmauern und Ölbäumen, bis auf den Gipfel, "wo in der Abendsonne Zypressen standen wie schwarzgoldene Fackeln".

Ist Silvio Gesell wirklich tot? Oder lebt er weiter in seinem Werk und in seiner Persönlichkeit? Das sind jene Fragen, die Hanna nun ergreifen. Sie lassen sich nicht allein verstandesmäßig und durch Nachdenken klären. Hanna Blumenthal greift daher zur Feder und beginnt zu schreiben, getragen vom Fluß der Erinnerungen, die ihr Herz von innen her überfluten, aber auch aus seiner Verkrampfung erlösen.

"Was heißt denn überhaupt leben, was heißt Tod? Leben heißt Wirken." In diesem Sinne lebt alles, was wirkt. Der Tod ist nur ein harter Einschnitt in das individuelle Leben; er rafft lediglich das Individuum hinweg. Aus einer bestimmten Organisation wird es umgewandelt und kehrt zurück zu den Elementen, aus denen es aufgebaut wurde. Dieser Tod konnte anscheinend auch einen stolzen, kraftvollen Silvio Gesell erreichen. "Oder wäre es möglich, daß ein Mensch größer ist als sein Tod?" In diesem Falle scheint es so zu sein.

Alles Leben und Sterben, meint Hanna Blumenthal, sei auch ein Kampf um Macht und werde durch die Machtverhältnisse entschieden. Wenn ein Mensch mächtiger als der Tod ist, kann er sich, selbst wenn er schon lange gestorben, "durch seine Werke, durch seine Persönlichkeit eingraben in das Sein der

Lebenden" und wirksamer als diese sein. Auch Silvio Gesells Geist überwand den Tod. Er war größer als sein dunkler Rivale, seine Lebenskraft stärker.

Silvio Gesell lebt nicht nur in seinem Werk, sondern auch durch seine Persönlichkeit fort - das ist die Kernaussage des 21-seitigen Manuskripts. Es soll in möglichst vielen Kreisen vorgelesen werden und zirkuliert. Auf dem erhaltenen Exemplar befindet sich der Sichtvermerk eines anderen Freiwirts, auch ein Hinweis auf die Autorin: "von Hanna". Sie selbst hat es anonym verfaßt, doch ist es am Stil erkennbar.

Ihre erinnerungsbeladenen Überlegungen schließen mit einem klaren Bekenntnis zur Freiwirtschaft und zu Silvio Gesell: "Über den Tod hinaus verbinden uns gleiche Ziele, wir stehen an einer Front, wir mit Dir und Du mit uns. Die Gegenwart bedeutet für uns Kampf, die Zukunft aber birgt für uns den Sieg." Das ist etwa Ende 1930 oder 1931 niedergeschrieben.

Vom Nationalsozialismus, dessen SA-Stürme lärmend durch die Straßen ziehen, ist mit keinem Wort die Rede. Insofern enthalten die Überlegungen einen weltflüchtigen Zug. Freilich ist Hanna Blumenthal seit ihrem Ausschluß aus dem fisiokratischen Kampfbund eine Außenseiterin, die sich in der NWO-Bewegung nicht mehr geborgen fühlen kann.

Silvio Gesell hat ihr den Spitznamen "Iwan der Schreckliche" gegeben, weil sie immer etwas mürrisch und unzufrieden aussieht. Sie ist wie ein Bogen überspannt, zu sehr auf die Zukunft ausgerichtet. Hanna findet ihren Spitznamen schön. Aber vielleicht fühlt sie sich in ihrer weiblichen Haut nicht ganz wohl. Ist sie doch eher ein männlicher Typ. Dies tritt so deutlich in Erscheinung, daß sie zuweilen mit "Herr" angesprochen wird. Auch in dieser Hinsicht eine Außenseiterin, muß sie sich doppelt vereinsamt fühlen.

Schließlich ist Hanna seit Gesells Tod auf eine schreckliche Weise allein. Ihr Übervater, ihr Gott, ihr insgeheimer Geliebter, hat sie verlassen.

Daß sie weder dem Fisiokratischen Kampfbund noch dem Freiwirtschaftsbund mehr angehörte, erspart ihr 1934 eine Verhaftung oder Haussuchung. Davor wird sie vielleicht auch durch ihre schwere Krankheit bewahrt.

## Was ist die Triebkraft aller Entwicklung?

Im Jahre 1935, unter der braunen Diktatur, schreibt Hanna still für sich über "Eigeninteresse und Objektivität", womit sie eine geistige Grundlage der NWO-Bewegung überprüft, aber auch zu festigen gedenkt.

Sie geht von der Frage aus, warum die Bäume nicht immer höher wachsen und schließlich absterben. Es hat den Anschein, als entwickle alles Seiende mit seinen Kräften zugleich die Gegenkräfte, denen es früher oder später zum Opfer fallen wird. "Mit allem Leben wächst gleichzeitig der Tod. Mit allem Wissen wächst der Zweifel."

Gesell hat den Eigennutz zur wichtigsten Triebfeder des wirtschaftlichen Gedeihens und persönlichen Erfolges erklärt, ihn auch auf den Selbsterhaltungstrieb zurückgeführt. Hanna Blumenthal spricht vom Eigeninteresse, das die Summe all jener Triebe sei, die darauf hinzielen, das eigene Ich zu entwickeln. Es wolle sein Machtgefühl befriedigen und sich einen möglichst großen Wirkungskreis sichern. "Das Eigeninteresse, der Egoismus, ist somit die allen Partialtrieben gemeinsame Grundeigenschaft." Hanna Blumenthal hat nicht nur Stirner, Freud und Nietzsche, sondern auch den altgriechischen Philosophen Epikur gelesen. Beispielsweise kennt sie die vier von ihm aufgestellten Grundsätze über das Lustprinzip. Der Egoismus ist ein auf das Ich bezogenes Luststreben des Menschen und die treibende Kraft sowohl in bewußten als auch in unbewußten Vorgängen. Nicht nur jedes physische, auch jedes geistige Wachstum bleibt auf sich selbst bezogen. Mit dem Körper und dem Geist wächst die Machtsphäre des Ichs, das schon um Kinder ein Kraftfeld bildet. Bestünde nämlich nicht dieser auf das Ego bezogene Lebens- und Lustwille - das Eigeninteresse - so würden die Menschen, Tier und Pflanzen "in Scharen zugrundegehen, weil ihnen der Motor fehlte, der sie zum Kampf um das Leben veranlaßte." Dann spränge womöglich ein Frosch der Schlange in den Rachen, das Schaf dem Löwen, und der Löwe vor die Flinte des Menschen, "bis zum völligen Untergang aller Lebewesen." Aber sie sehen sich keineswegs als Nahrung für die Stärkeren. Selbst eine Mutter, die in das brennende Haus läuft, um ihr Kind zu retten, handele egoistisch, weil sie die gewaltige Gefahr dem Schmerze vorzieht, den ihr der Verlust des Kindes bringen würde. Das Eigeninteresse ist die Triebkraft allen Geschehens und somit auch aller Entwicklung. Hanna Blumenthal definiert es als "lust-bejahenden Kampf um die Macht", dessen Erfolg beim Menschen an das Wissen geknüpft sei.

Im Verhältnis zur Fülle der Macht, die das Menschengeschlecht zu erringen wußte, ist die des Einzelnen aber denkbar gering. Wofür seit Jahrtausenden Milliarden Menschen gekämpft, nämlich um die Eroberung des Glücks, ist bisher unerreicht. Macht war im Grunde nur ein Mittel zum Zweck; das Mittel wird ausgebildet, der Zweck verfehlt. Woran kann das liegen?

Anscheinend hat man sich im Mittel vergriffen. Das Eigeninteresse als treibende Kraft im Kampf um Macht und Wissen entwickelt gleichzeitig Hemmungen, die der objektiven Erkenntnis und ihrer Verwendung entgegen-stehen. Starke Erschwernisse und Schmerzen setzen den Lebenswillen bis zur Lebensverneinung herab. So führt sich der Egoismus selbst ad absurdum. Der Geltungstrieb macht uns unobjektiv. Die Mehrzahl der Menschen versucht, ihr Treiben zu beschönigen. Große Forscher, welche die Wahrheit ausgraben, werden zunächst einmal auf das schärfste abgelehnt und angegriffen. So Freud, so Gesell.

Was Freud das Realitätsprinzip genannt - bei fortgeschrittenen Naturen soll es an die Stelle des Lustprinzips treten - ist bei Hanna Blumenthal die Objektivität, als "ungetrübte Erkenntnisfähigkeit auch da, wo die Erkenntnis schmerzt".

Der Kampf des Menschen um Macht gilt nicht mehr Pflanze und Tier, sondern jeweils anderen Menschen, dem gefährlichsten Konkurrenten. So gesehen bekommt die Machtfrage ein völlig anderes Gesicht. Die Gesetzge-bung, welche im Interesse der Machthaber das menschliche Leben im Staate regelt, ist im Verhältnis zu den Erkenntnissen der Wissenschaft erschreckend rückständig, wenn nicht dumm und brutal. Verantwortlichkeit wird gleichzei-tig gefordert und bestraft. Desgleichen Aufrichtigkeit und Gerechtigkeit. Auch der Leistungswille wird mißhandelt - "eine Folge unserer Geld- und Bodenverhältnisse". Arbeitsloses Einkommen setzt ein Eigeninteresse seiner Nutznießer voraus, das Bestreben, alle nur möglichen Vorteile für sich selbst einzuheimsen. Im Krieg werden diesem Eigeninteresse Millionen Menschenleben geopfert. Innerhalb des Kapitalismus kann es sich zur schwersten Gefahr für die Menschheit auswachsen. Es hat ein Janushaupt.

Soll also der alte Versuch fortgesetzt werden, das Eigeninteresse schlechthin zugunsten eines Altruismus abzubauen? Nein, sagt Hanna Blumenthal, denn damit würde auch jene Urkraft totgeschlagen, aus der immer wieder die Rebellen wachsen. "Es wäre also ein schwerer Fehler, wollten wir unser Werk von dieser Seite beginnen." Aber sind nicht alle Rebellenaufstände und Befreiungsversuche gescheitert? Gleichwohl. Wie in der Mechanik jeder Druck einen Gegendruck erzeugt, so ist es in der menschlichen Seele. "Auch hier sucht die 'Natur', jene rätselhafte, in allem Lebendigen wirkende Kraft, jeglichen Mangel zu kompensieren." Zwar wird das Lust- und Machtprinzip niemals ausgeschaltet, wenn es jedoch zu schroffe Formen angenommen, dann entwickelt sich als Folge der entstehenden Nachteile die Gegenkraft: Kritikfähigkeit, Weitsicht sowie der Wille, hinter die Täuschung und zur Erkenntnis zu kommen - das Realitätsprinzip. Für den Erkennenden ist **dieses** Prinzip der Weg zur (relativen) Objektivität. Es hebt das Eigeninteresse auf ein höheres Niveau. Aber dazu müssen jene Verhältnisse, die das fördern würden, erst einmal geschaffen werden.

So spannt Hanna den Gegensatz zwischen Lustprinzip und Realitätsprinzip in eine sozialrevolutionäre Veränderung der gesellschaftlichen Verhältnisse ein. Man könnte auch sagen, sie spanne beide Pferde vor den Wagen der Freiwirtschaft. Was hätte wohl Sigmund Freud dazu gesagt, den von ihm gefundenen Kontrast zwischen Lust- und Realitätsprinzip in diesem Zusammenhang wiederzufinden?

Der Kapitalismus - Hanna nennt ihn einen Tintenfisch - dürfe nicht durch eine Wirtschaftsordnung ersetzt werden, die den Bürokratismus noch mehr ausbreiten läßt. Der ganze verkalkte Staat muß abgebaut werden. Die dafür geeigneten Mittel habe Gesell längst genannt. Zweierlei sei also nötig:

1. "Gerade, um unserem Eigeninteresse zu dienen, müssen wir die Schwächen erkennen, zu denen es uns um eines kurzen Lustgewinns wegen zu verleiten sucht und müssen diese Schwächen - nicht das Eigeninteresse an sich - auszuschalten versuchen."

2. "Außerdem müssen wir ein Wirtschaftssystem zu beseitigen und durch ein besseres zu ersetzen trachten."

Den Kapitalismus beseitigen und durch die Freiwirtschaft ersetzen - wenn dies gelänge, möchte Hanna ihr Leben noch einmal beginnen. "Unter den heutigen Verhältnissen möchte ich das nicht." Hier klingt zum erstenmal eine gewisse Lebensmüdheit an.

Dieses Manuskript trägt auf der ersten Seite rechts oben einen Lesevermerk und ist an den Rändern mit winzigkleinen Anmerkungen bedeckt. Anscheinend läuft es ebenfalls in freiwirtschaftlichen und fisiokratischen Kreisen um. Ihren Zusammenhalt unter der braunen Diktatur zu stärken, dazu ist es sicher bestimmt. Hanna arbeitet weiter an der theoretischen Klärung und Vertiefung des geistigen Erbes von Silvio Gesell. Sie gehört einer Widerstandsbewegung an, in der sie womöglich die einzige Freiwirtin ist.

### Die ersten Gedichte

Zwischen 1935 und 1942 ist anscheinend der erste Schwarm echter Gedichte entstanden. Sie verraten eine Schwermut, die dunkle Blüten zu treiben beginnt.

> Auf schwarzem, sturmgepeitschtem Meer
> lag noch der roten Sonne letzter Glanz,
> glitt düster über hochgetürmte Wogen
> in einem schweren, unbewussten Tanz.
>
> So gleiten Seelen über einen Abgrund,
> die ihren Untergang schon wissen
> und die zu einem letzten Fest
> die letzte Glut emporgerissen.

Mehr und mehr neigt sich Hanna Blumenthal der Natur zu, als wäre diese ihr einziger Trost.

Ganz langsam kommt die Traurigkeit des Herbstes
und wo sie geht, bricht sie gedankenlos
bald hier, bald dort ein welkes Blatt.
Und unter ihrem stillen, müden Schritt
neigen sich Gras und Blumen
und der Menschen Seelen
und jedes Lächeln
wird dann bang und matt.

Aber auch so kann klingen, was sie im Innersten bewegt und zuweilen weinen läßt:

Durch den Wunderwald des Lebens gehe ich
grünbemooster Bäume tiefes Schweigen um mich her
kein Vogel singt in diesen langen Zweigen.
Manchmal klingt von fern ein dumpfes Brausen
wie von wilden, wilderregten Stimmen,
und ich sehe tanzend tolle Schatten -
während um mich, auf den toten Matten
nicht ein Halm sich neigt.

Die Tage und Nächte gehen dahin. Hanna geht mit wie im Traum. Sie sagt von sich selbst:

Dein Gehen ist fremdes Leben
in einem fremden Raum ...
Hoffnungslos tasten die Hände
und du lächelst an dir vorbei.

Die Stunden durchblättern nun müde
eines Lebens leeres Buch.
Alle Blumen am Himmel sind
entblättert, verblichen schon.
Komm, Freund Wind, streue den Müden
aus reifen Kapseln den tröstenden Mohn.

Doch der Wind geht wie verirrt
wie aus tiefem Traum ein Klagen.
Leise neigt sich das Geäst
weiß dies Träumen kaum zu tragen.

Hanna Blumenthal hat im Feuer des Enthusiasmus gebrannt, doch es ist, als sei ihre Lebenskraft verzehrt. "Müde" und "matt" - das sind die häufigsten Worte in ihren Gedichten. Selbst wenn noch einmal eine große Wende kommt

es senkt wie Trauer sich auf nahe Grüfte.

Gleichwohl: ihre Seele spannt sich wie eine Windharfe aus. Einmal gelingt ihr sogar ein Landsknechtslied, in dem die Wildheit überschäumt und ihr eigenes Leben leidenschaftlich aus allen Fugen springt:

Schlagt die Trommeln, blast die Hörner,
trinkt den roten, roten Wein,
rasselt mit den blanken Klingen:
Schönstes Mädchen, Du wirst mein.

Heute glüht der Himmel seltsam,
glüht wie Blut im Abendschein.
Leben, Dich halt ich im Arme,
schönstes Leben, Du bist mein.

In den Gängen, in den Winkeln
wirft die Würfel Bruder Tod -
und ich lebe, liebe, morde,
jede Stunde flammt mir rot.

Wenn ich plötzlich niedersinke
und mir Schwert und Glas zerbricht
kann ich lachen, weil ich liebte —
und die Reue kenn ich nicht!

Doch Hanna Blumenthal kennt die Reue des ungelebten Lebens, das jenseits der politischen Aktivitäten an ihr vorbeifloß. Und Berlin ist ihr nun ein steinernes Gefängnis.

> Wie Sterne einsam dunkle Bahnen ziehen
> so einsam will des Menschen Weg mir scheinen.
> Wir denken, denken uns entzwei
> und leben vielleicht am Leben vorbei
> vorbei am Lieben. —

Sie spürt das Geheimnis des Unaussprechlichen um Wesen und Geschick. Es ist ein Flimmern in der Luft, ein Spiel des Windes in den Bäumen, ja wie ein unbewachter Blick.

> Und aus dem Spalt starrt Einsamkeit und Angst
> und seltenes, verzücktes Flügelrauschen ...

Es ist ein russischer Zug in ihr, eine Gespaltenheit von Charakter und Trieb, die Sehnsucht nach der endlosen, verschwiegenen Taiga, in der sie ihr Europäertum vergessen und sich selbst entfesseln könnte.

> Ein russisches Lied, ein Liebeslied
> in der Steppe, im Dämmern verhallend -
> im Herbst, wenn die Wildgans südwärts zieht ...
>
> Ein russisches Lied, ein Liebeslied,
> wie ein halberstickter Schrei.

Immer wieder besingt Hanna die Einsamkeit. Doch wie mit offener Wunde. Nicht als Mauerblümchen, aber wie eine in den eigenen Leib Eingekerkerte.

> Ich liebe die Einsamen
> die wie der Weiher
> im Walde warten
> Ein schlanker Reiher,

vielleicht eines Fremden Traum,
berührt seine stille Fläche kaum
und bildet weite Ringe.

Es sind auch die Verlassenen, deren sie gedenkt, jene, die wie herbstlich-gelbe Blätter von der mit Samt verhangenen Nacht von den Bäumen fallen:

Fallen still, wie kleine Tropfen,
die ans Herz der Erde klopfen,
fragend, ob es für sie wacht.

Doch das Herz der Erde schweigt.
Keine Antwort wird den Blättern,
die vertrauend niedersanken

Und sie sehnen sich vergebens
nach dem alten Baum des Lebens
dem sie einen Sommer danken.

Die hochsensible Malerin empfindet, daß auch eines Baumes Ast wie ein Menschenkind in Schmerz und

wie aus der Schwere Schwung

geboren wird. Nimmt sie selbst aus reifen Kapseln den tröstenden Mohn? Liebt sie den Rausch und die Drogen? Auf jeden Fall Rilkes Dichtung. Und anscheinend hat sie nie das Grundvertrauen in den anderen Menschen einge-büßt.

### *Häutung*

Um 1943/44 ergibt sich Hanna endgültig dem Studium der Graphologie (das Wort "ergeben" kommt wörtlich in ihren Aufzeichnungen vor). Diese steht zwar noch im Geruch, auf dem gleichen morschen Ast wie die Wahrsa-gerei zu sitzen, ihr selbst dünkt sie aber eine ernste Wissenschaft zu sein, die zudem noch entfaltungs- und entwicklungsfähig ist. Hanna **ist** schon Graphologin, aus Leidenschaft und Intuition. Wenn sie sich in eine Handschrift vertieft, dann entsteht vor ihren inneren Augen alsbald die Gestalt des betreffenden Schreibers oder der Schreiberin. Mit einer solch seltenen Fähigkeit läßt sich vielleicht früher oder später auch der Lebensunterhalt bestreiten. Durch ihre Feder ist das längst nicht mehr möglich, wenn es überhaupt möglich war.

Die Graphologie rettet sie in den letzten Kriegsjahren vor der Verzweiflung. Aus den Strudeln des Zusammenbruchs der NS-Herrschaft taucht Hanna Blumenthal als **Johanna Führer** wieder auf. Ihre Mutter hatte nach dem Tode des Vaters, aber erst in den 30er Jahren unter dem NS-System, ihren Mädchennamen **Führer** wieder angenommen. Der Name Blumenthal klang etwas jüdisch, was ihrem Geschäft zum Nachteil gereichen konnte, wenn es nicht gar geschlossen oder durch einen SA-Trupp zerstört würde.

Auch Hanna nimmt den Mädchennamen ihrer Mutter wieder an, doch bei ihr ist anscheinend eine Häutung damit verbunden. Sie erweitert auch ihren Vornamen. Die ganze Person erstrahlt in einem neuen Licht, obwohl es in ihrem Inneren dunkel ist. Mondenglanz fällt auf sie herab. Daraus entsteht ein neuer Strom von Gedichten.

Hannas Ratio ist zuweilen ausgeklinkt. Sie weicht dann einer teil traumhaften, teils übersinnlichen Sicht der Dinge.

> Ich sah den singenden Prinzen
> im Lande Märchenschön,
> ich sah ihn durch dunkle Blumen
> mit goldenen Kelchen gehn.

War Silvio Gesell jener Prinz aus dem Lande Märchenschön? Nein, er sicherlich nicht.

> Ich schlag die Flügel wund im engen Raum
> die Freiheit suchend voller Ungeschick ...
> Die Mauern oder mich zerbricht mein Wille.

Nur wo ich groß sein darf
bin ich dem Kampf gewachsen
nur in der Freiheit zwing' ich Sturm und Stille.

Was tut's, wenn eine Seele brach?
Störte sie nicht manches Staats-System?
Wo Maschine herrscht in Industrie und Leben
ist die Seele mehr als unbequem.

Johanna Führer kommt sich vor wie ein Vogel, der vergeblich sein früheres Nest sucht

nur ein verirrter Vogel
sein Leben verflucht ...
Ich habe durch viele Stunden
durch Tage und Jahre gesucht.
Ich habe nur mich gefunden
und habe auch mich verflucht.

Erst wer den Kelch der Leiden
bis auf den Grund geleert,
erst wer den Kuß der Freuden
bis zum Verzweifeln entbehrt
der weiß bewußt zu leben
der kennt den ekstatischen Traum.

Auch die Einsamkeit spielt selige Weisen. Sinken die Tage des Sommers wie welke Blumen dahin, so erglühen die Nächte in blühender Pracht.

Du lächelst nur
da bin ich wie berauscht,
wie dürre Steppe
unter warmem Regen.

Manchmal bricht die alte Kampfeslust in ihr wieder durch, als sie brannte und flammte.

In unserem Sehnen haben wir Himmel und Hölle durch-
lebt.
Wir sind der Tropfen, der Felsen sprengt.
Daß ihr uns einengt, kann unsere Kraft nur steigern.

Doch Johanna Führer spürt auch eine Scheidewand, aufgerichtet durch
Erlebnisse und Leiden, die nur ihr eigen sind, sie geläutert und zugleich
geschieden haben.

Vielleicht wart ihr niemals wie ich
so ohne jedes Hoffen,
vielleicht stand euch so selig nah
niemals der Himmel offen.

Was ich gelebt, so ziellos es auch schien
es ist sich selber Zweck.
Und über die Vergänglichkeit der Zeit
trägt mich ein ew'ger Augenblick hinweg.

In der tiefen Stille, wenn ihr Wille ruht, hört sie ihr Leben wie ein leises
Glockenklingen durch den Raum schweben. es ist, als wäre es ein unendlich
süßer Traum gewesen, der in Bitternis verdarb.

Die letzten Schwalben - letzter Lindenduft -
und dieser märchenhafte Glanz des Lichts
in kleinen Wolken, die so zärtlich lächeln:
wie schön ist alles vor dem großen Nichts.

Sie möchte so selig taumeln wie die Schmetterlinge, so unergründlich ruhen
können wie die Meere im Vollmondschein, doch mit jedem Glockenschlag
scheint auch ihr eig'nes Leben zu verhallen.

Nur eine Geige ist noch nicht verklungen
nur einer Geige süßes Singen
tönt mir so nah,
daß ich ihm wehrlos folge -
und niemals weiß ich doch, wohin.

Ich habe keine Wahl
in Seligkeit und Qual
nur dir und deiner Geige tief ergeben
verströmt mein Leben - - -
fremd und ganz allein.

Ist sie es nicht selber, die sich aufspielt? Tanzt sie nicht zu ihrer Lebens-
melodie, zum eigenen Geigenspiel?

Ich war wie eine hochgespannte Saite
und jeder Windhauch liess mich schwingen.
ich ahnte nur den Ton, der allzu fein war
um noch vernehmbar in den Raum zu klingen.

Doch ich ertrug nicht dieses tiefe Schweigen,
ich wollte das Unfassbare in Worte zwingen.
Da vernahm ich das erste, leise Klingen
empfand ich, dass ich mich herabgestimmt.

### Gesells graphologische Deutung

Das Gegengewicht zu ihren träumerischen Gedichten ist ihre wissenschaft-
liche Tätigkeit als Graphologin. Nun macht Johanna aus ihrer Leidenschaft für
Schriftdeutung tatsächlich einen Beruf. Sie fertigt für bestimmte Gebühren
Handschrift-Gutachten an und kann damit auch ihr Leben fristen. Auf ihre
Zeitungs-Annonce gehen genügend Aufträge ein. Mehr könnten ihre Sorgfalt
und ihr sicheres Urteil in Frage stellen. So hat sie zwischendurch genügend
Zeit, die geliebten Blumen zu pflegen und über Silvio Gesell nachzudenken.
Auch spielt sie weiter Geige und später noch die Laute.

Im Januar 1947 wird auch Silvio Gesell durch die "graphologische Brille" betrachtet. Johanna hat ihn 24 Jahre lang persönlich gekannt, aber vornehmlich seine Verhaltensweise und weniger seine Motive wahrgenommen. Der persönliche Umgang erlaubte keinen Abstand, wie er für die Objektivität eines Urteils erforderlich ist. Jetzt verrät ihr Gesells Schrift, daß er kein intellektueller Typ, sondern "ein hochintelligenter Trieb- und Gefühlsmensch" war. Da er beim Schreiben seiner Briefe einzelne Buchstaben neu und originell zu gestalten pflegte, scheint der Spieltrieb bei ihm nahezu identisch mit der Schöpferkraft gewesen zu sein, zumal er "bei allen erdenklichen Gelegenheiten Erfindungen vorschlug". Selbst zur freiwirtschaftlichen Idee, die sein Geisteskind war, verhielt er sich nicht engstirnig oder gar fanatisch. Auch mit diesem "Kinde" spielte er lieber, als daß er es mit Ernst und Strenge aufzog. Seine Schrift spreche "für ein fortwährendes Wachsen und Umgestalten unter einer genial-instinktiven Wahrung des Gesetzmäßigen". Das bewußte Denken sei bei ihm wohl zweitrangig gewesen und "trotz seiner vorzüglichen Logik nicht so unfehlbar wie die durch eine Art Hellsichtigkeit gewonnenen Grundzüge seiner Ideen". Manchmal habe er recht utopische Vorschläge gemacht. Was er jenseits von menschlicher Kleinlichkeit vorlebte, ist vielleicht erst in fernen Zukunft realisierbar. Mitfühlend, aber zuweilen wenig einfühlsam, konnten seine affektvollen Äußerungen zuweilen kränkend oder gar roh wirken.

Johanna Führer stützt sich also nicht nur auf Briefe Gesells, sondern auch auf persönlich Miterlebtes. Deshalb entsteht in diesem Falle weniger ein kühles Gutachten als eine biographische Skizze, die jedoch von größerem Wert ist. Viele Briefe Gesells sind übrigens während des Krieges in ihrer Berliner Wohnung mitverbrannt, als sie durch eine Bombe zerstört und in Brand gesetzt wurde.

### Korreferat gegen den Bruder

Auf den Bundestagen des neuen Freiwirtschaftsbundes ergreift Johanna Führer sehr selten das Wort, geschweige denn, daß sie einen Vortrag halten würde. Als jedoch ihr Bruder Hans-Hoachim **Führer** ein Manuskript vorlegt, demzufolge die Mütterrente nicht zu den freiwirtschaftlichen Kernforderungen gehört und daher aus dem FWB-Programm gestrichen werden sollte, entschließt sie sich zu einem Korreferat. Es wird ihr wohl auch von Otto Lautenbach nahegelegt, spricht sie doch von einer "Aufforderung". Des Bruders Lanzenspitze macht Johanna die Relativität des Friedensbegriffes klar. "Man glaubt aus der Entfernung, mit anderem in einem Zuge zu sitzen, der zu einem gemeinsam bejahten Ziele auf gemeinsam bejahtem Wege ... durch die Lande braust." Doch das erweist sich als Irrtum: die Gemeinsamkeit muß immer wieder neu erworben werden.

Nun hat Hanna schon in der Weimarer Zeit zweimal die von Gesell vorgeschlagene Mütterrente gegen Hans Bender vom früheren Freiwirtschaftsbund FFF verteidigt, der an ihre Stelle eine Kinderrente zu setzen empfohlen, übrigens auch bezweifelte, ob der Wert des Bodens tatsächlich mit der Bevölkerungszahl steige. Das war damals ein Teil des Konflikts zwischen Freiwirtschaftlern und Fisokraten. Jetzt erneuert sich der Konflikt im Rahmen des neuen Freiwirtschaftsbundes.

Johanna arbeitet ihr Korreferat wortwörtlich aus. Sie bezeichnet als dessen eigentliches Ziel die Ent-Täuschung von Illusionen. Ist ohne ihre Überwindung überhaupt Entwicklung möglich? "Aus der Täuschung wollen wir zur Wahrheit - auch wenn auf dem Wege dorthin manche Bitternis zu überwinden sein wird." Nur unreife Früchte schmecken bitter. Eine reife Wahrheit zeichnet sich durch Schönheit und Wohlgeschmack aus.

Für alle Anhänger Gesells ist die Verwirklichung des Rechts auf den vollen Arbeitsertrag und die Beseitigung des arbeitslosen Einkommens der unantastbare Kern ihres Programms. Neben dem Kapitalzins verurteilen sie auch die Grundrente als arbeitsloses Einkommen. Doch ihre Verteilung ist umstritten. Johanna meint, sie müsse verteilt werden an jene, denen sie am meisten zusteht - den Müttern nach der Zahl ihrer unmündigen Kinder, da die Grundrente mit dem Bodenwert und dieser mit der Volksdichte steige.

Die Mütterrente sei also tief verankert in der Hauptforderung nach wirtschaftlicher Gerechtigkeit. "Es geht um eine zum Fundament gehörende Forderung." Von sekundärer Bedeutung sei nur, wie sie sich in soziologischer, biologischer und propagandistischer Hinsicht auswirken werde. "Wir wollen also nicht, vom Rausche dessen gepackt, was eine Gruppe von Bundesfreunden 'Realpolitik' nennt, eine schwerwiegende Lücke in den Dom unserer Theorie resp. unserer praktischen Forderungen reißen." Freiheit und Gerechtigkeit sind zwei Pole, die einander bedingen. Diese Mütterente von 40 - 50 DM monatlich könne schwerlich - wie behauptet worden war - gewisse Frauen "zur Kinderproduktion aus gewerblichen Gründen anregen" und die Ehe zersetzen. Ein Zuschuß aus der Freiland-Kasse werde auch dem Mann angenehm sein.

In der Programmkommission des FWB hat sich Hanna dafür eingesetzt, zunächst die Kriegsversehrten und Flüchtlinge aus dem Fond der Grundrente zu unterstützen, diese aber baldmöglichst ihrem eigentlichen Zweck zuzuführen. Ihr Korreferat trägt nun erheblich dazu bei, daß Hans-Joachim Führer eine Abfuhr erhält. Wie gern würde sie mit ihm restlos übereinstimmen! Doch wenn sich seine Ansicht in den Dom der Freiwirtschaft einschleiche, drohe womöglich eine neue Spaltung. "Immer, wenn es zu langsam vorwärtsgeht, wird nach den Ursachen gefragt. So richtig das ist, so gefährlich kann es werden, wenn nämlich den **Zielen** die Schuld aufgebürdet wird, statt den Vertretern. Im **Weg** können und müssen wir elastisch sein, und können es umso besser, **je unverrückbarer das Ziel** feststeht."

Weltanschauungsfragen zu diskutieren sei jetzt nicht am Platz, denn jeden Augenblick könne die Welt in die Luft fliegen. Hanna ruft zur Disziplin auf, zur Zurückstellung von Meinungen privaten Charakters, zur Sammlung aller Kräfte zwecks Verwirklichung der Freiwirtschaft, "die uns wohl identisch sein darf mit der Rettung des Lebens überhaupt!"

Zum Schluß macht Johanna Führer ein überraschendes Geständnis. Vor Beginn des FWB-Bundestages in Stuttgart hat sie einige stürmische Diskussionen mit ihrem Bruder gehabt. Dieser vermochte sie doch in einem Punkt zu überzeugen, nämlich davon, daß die Mütterrente ein zusätzlicher Angriffspunkt aller NWO-Gegner sei, der die Verwirklichung der Freiwirtschaft verzögern könne. "Andererseits ist die Lage **derart** gespannt, daß jede Verzögerung lebensgefährlich ist." Daher hat sich Johanna Führer, mit Tränen in den Augen, dazu entschlossen, "in der gegenwärtigen Phase die Mütterrente aus Programm und Werbung zurückzustellen." Wenn es einen schnellen und sicheren Weg gäbe, um das Pulverfaß, auf dem alle sitzen, zu entschärfen, wäre auch die vorübergehende Zurückstellung der Freiwirtschaft kein zu hoher Preis. "Denn erst müssen wir leben, dann können wir kämpfen. der Friede sei unser höchstes Ziel!"

Schon in der Weimarer Zeit hat sich Hanna der Friedensbewegung verbunden gewußt. Das tritt nun wiederum zutage. Allerdings hofft sie, kein Gesinnungsfreund möge prinzipiell auf den Programmpunkt der Mütterrente verzichten.

Die drei weiteren Jahre sind für Johanna Führer derart schwer, daß ihre NWO-Überzeugung zu wanken beginnt. Wie von Hans Timm wird sie nun von Otto Lautenbach enttäuscht, der ihr als ebenso skrupellos erscheint. Die Männerclique um diesen Mann dünkt ihr ein Rattennest zu sein, in dem jenseits des Bundesvorstands die eigentlichen Entscheidungen gefällt und machtlüsterne Pläne geschmiedet werden. Offenbar ist dagegen noch immer kein Kraut gewachsen.

Sie rückt mit ihrem Bruder zusammen und äußert sich wiederholt sehr kritisch über Otto Lautenbach, auch über die Bundesführung, findet aber kaum Gehör. Angeblich gibt es keinen Besseren.

Zwischen den Mühlsteinen der Enttäuschungen wird ihr Glaube allmählich zerrieben. Wenn Hanna Blumenthal vor allem die Eigenheit schätzte, so besinnt sich Johanna Führer auf die Freiheit zurück. Vielleicht ist die Eigenheit nur ein Mittel, durch das sich Freiheit in Millionen Nuancen auszudrücken vermag?

Sie braucht dringend einen großen Spielraum, damit sie sich der Poesie hingeben kann. Da ist noch Freiheit, da ist noch Leben, das ungehindert strömen darf.

> Und plötzlich erwachst du
> und stehst allein
> in der Dunkelheit
> und fragst vergebens
> nach einem Sinn.

Angstermattet gibt das Leben
sich dem Schicksal -
und der Augenblick der Qual
dehnt sich endlos.

Unentschieden sein, festgebannt
durch den Widerspruch, der keine Lösung kennt
während aus der blauen Höhe
mitleidlos die Sonne brennt.

Auch Resignation kommt auf und der Boden unter den Füßen läuft wie
Treibsand weg:

Mit Menschen klingt mein Leben nicht zusammen.
ich bin ein fremder Ton
in ihren Festen,
ich bin der Finstre
unter frohen Gästen,
bin stumm und blass —
und wo sie beten,
packt mich oft ein Hass.

Ich suche Einsamkeit und Waldesschweigen
und phantasiere doch von grossen Städten
und von den Menschen, die ich lieben muss.
Dann senken meine Lippen sich zum Kuss
auf meine Hand -
und meine Seele glüht und glaubt dem Einen,
den sie noch nicht fand.

In ihrer Jugend hatte sie den Einen gefunden: Silvio Gesell. Auch sein Bild
verblaßt. Hanna geht auf: Das "Stirb und Werde" betrifft keineswegs nur den
Körper und jene Vorstellungen, die wir von uns selber haben. es ergreift auch
die Ideale und Ideen, für die wir gekämpft und gelitten.

Wie sie sich um 1929 durch Verse von ihren einstigen fisiokratischen Kampfgenossen getrennt, so schreibt sie um 1953 ein ähnliches Abschiedsgedicht. Gilt es nun der Freiwirtschaft überhaupt? Es gleicht sehr dem ihres Vaters. Zwar ohne Überschrift, heißt es ebenfalls "Vergessen":

> Ich liebe das Wort und ich liebe seinen Klang
> der seltsam um die Dinge webt
> der sie mit eignem Geist belebt
> und ihnen seinen Königsmantel leiht
> oder sie schlicht in weißes Linnen kleidet
>
> Ein Wort gilt mehr mir jetzt als alle andern,
> mehr als der Liebe schillerndes Brokat
> mehr als der blaue Stahl der großen Tat.
> Du kleines Wort
> du gleitest unermessen
> wie stille Welten, die kein Name nennt.
> Sei du mein Freund;
> wenn mich kein Freund mehr kennt
> nimm du mich denn in deinen Arm:
> Vergessen.

Es handelt sich nicht um eine Nachdichtung. Viele Zeilen sind wörtlich übernommen. Nur daß sich Hanna etwas unbestimmter ausdrückt und da, wo ihr Vater vom "eitlen Ruhm der 'großen Tat'" gesprochen, vom "blauen Stahl" zu sprechen liebt. Begeht sie ein Plagiat? Geistigen Diebstahl hat die Dichterin nicht nötig. Hanna durchlebt um 1953 die gleiche Stimmung, die ihr Vater etwa 1927 durchlitten. Sie findet wohl, er habe dasselbe Gefühl bereits vollendet formuliert. Warum soll sie es trotzdem in eine eigene Form gießen? So übernimmt sie die seine. Aber 1924 hat sie geschrieben: "Blumenthal war geblendet und begeistert von der neuen Idee" - nicht nur begeistert, auch geblendet! Ist ihr nun, daß sie auch geblendet worden sei und daher die Freiwirtschaft nicht mehr im klaren Licht der Erkenntnis zu sehen vermochte? Muß diese wie ein Samenkorn sterben, damit sie in reinerer und reiferer Form wiedergeboren werden kann? Jedenfalls fühlt sie den Trennungsschmerz.

Johanna empfindet wie ein flammendes und zitterndes Blatt, das sich nicht länger am Baum festhalten will:

> Das Leben wird matt!
> Laß dich vom jagenden Winde erfassen
> trotze den Wolken in wirbelndem Tanz!
> Hoch über Wäldern, hoch über Gassen
> Liebe und Leben, Betäubung und Glanz!

Wieder schreit aus ihr die Leidenschaft, frei und schrankenlos zu leben. Ihr Sehnen flieht in unbekannte Weiten.

> Und aufwärts steigen
> werde ich im Fluge
> hoch über Eure Köpfe
> Eurer Arme Spiel.
> Ich werde frei
> zu meinem eignen Ziel -
> Es wächst mir Kraft
> zu neuem, großem Schaffen.

In der Tat steigt Johanna Führers schöpferische Kraft noch einmal wie eine Flut, was eine Vielzahl weiterer Gedichte zeigt. Dennoch scheint ihre Lebenskraft versehrt zu sein und langsam zu versiegen. Der Zenit ist überschritten.

Mit 7 oder 8 Jahren hat Hanna Blumenthal zu beten aufgehört. Nun will ihr scheinen, daß ihre Poesie auch von Gott verklärt und eine Gnade sei. Der Atheismus fällt wie eine seelische Verkrustung ab. Manche Gedichte sind nun wie Gebete. Gleichwohl bleibt sie eine Art Freidenkerin.

Johanna Führer tritt der CDU bei. Diese hat sich auf ihrem ersten Parteitag in Ahlen ein antikapitalistisches Programm gegeben. Vielleicht kann daran angeknüpft werden. Das erweist sich als Illusion.

## Das Graphologie-Institut

Silvio Gesell wünschte, daß möglichst viele Menschen ihre ökonomische Abhängigkeit überwinden und eigenständig tätig sind. Dies erwartete er insbesondere von den Aktivisten der Natürlichen Wirtschaftsordnung.

Johanna Führers Tätigkeit als wissenschaftliche Graphologin weitet sich aus. Ihr guter Ruf veranlaßt einige große Firmen zu der Anfrage, ob sie auch handschriftliche Bewerbungen beurteilen wolle. Johanna sagt zu. Angeblich verlangt sie hohe Honorare. Diese sind in Wirklichkeit recht bescheiden:

| | |
|---|---:|
| für eine Charakterskizze (ca. 1 Schreibmaschinenseite) | DM 15,- |
| für ein Charakterbild (ca. 2 Schreibmaschinenseiten) | 25,- |
| Vergleichendes Gutachten (Beziehungen für zwei Charakteuren für geschäftlichePartnerschaft, Ehe etc. ca 3 Schreibmaschinenseiten | 35,- |
| Aussortieren von Bewerbungsschreiben pro Bewerber | 2,- |
| Von 10 Bewerbern die beiden geeignetsten heraussuchen | 20,- |

Firmen, die Daueraufträge geben, erhalten Rabatt. Die Gutachten werden 3 - 6 Tage nach Auftragseingang geliefert. Bei Eilaufträgen erhebt Johanna Führer 20 % Aufschlag. Sie ist bereit, auch am Wochenende zu arbeiten, um besonders eilige Aufträge zu erfüllen.

Johanna Führer gründet auf Anraten ihres Bruders das Institut für Wirtschaftsgraphologie. Ist sie nun die Chefin eines Dienstleistungsbetriebs für die Wirtschaft mit Büro und Angestellten? Nein, das Institut besteht nur aus ihr selbst. Ihr einziges Zimmer in Schloß Langenburg ist auch ihr Büro. Aber ihr Einkommen wächst und sie ist nun tatsächlich eigenwirtschaftlich tätig. Zu Wohlstand kommt sie freilich nie. Das liegt auch nicht in ihrer Absicht.

Ihre Gutachten sprechen sich herum. Sie erhält eine Reihe von Anerkennungsschreiben. Dr. H. aus Tübingen schreibt ihr, "daß die Erkenntnisse, die Sie zu vermitteln vermögen, unbezahlbar sind". Im Brief eines Passauer Firmenchefs heißt es: "Immer wieder staune ich (zugleich mit Dr. H.) über Ihre seherischen Gaben: aus einem gekritzelten Stück Papier eine lebendige Persönlichkeit aufzubauen und zu beschreiben."

Sind diese Gaben ein Erbteil ihres Vaters, der ein "Geisterseher" war? Das ist unwahrscheinlich, aber nicht unmöglich.

Ein Personalchef versichert Johanna Führer, sie habe zweimal ins Schwarze getroffen; künftig werde er ohne ihr Urteil keine wichtige Entscheidung mehr fällen.

Manche großen Firmen haben bereits ihren eigenen Betriebsgraphologen. In einem Werbebrief wendet sich das Institut für Wirtschaftsgraphologie nunmehr an die mittleren und kleinen. Johanna Führer stellt es wie folgt vor: "Meine Erfahrung, gesammelt in mehr als einem Jahrzehnt zielstrebiger Arbeit, ist die Gewähr zuverlässigster Beratung. Meine Gutachten zeigen Ihnen den Menschen wie er ist, nicht wie er zu sein vorgibt, seine charakterlichen Anlagen, sein Leistungsvermögen. Sie geben Auskunft darüber, ob Ehrlichkeit, Ordnungssinn, Dispositionsfähigkeit, Führungsqualitäten etc. vorhanden oder nicht vorhanden sind. Die geringen Ausgaben für die Gutachten stehen in keinem Verhältnis zu den sehr positiven Ergebnissen vorausschauender, konstruktiver Personalpolitik auf graphologischer Grundlage. Sie verhütet kostspielige Rückschläge und bringt den richtigen Mann an den richtigen Platz."

In der Anlage des Werbebriefs sind Auszüge aus Anerkennungsschreiben zusammengestellt. Johanna Führer sichert allen Kunden vollkommene Diskretion zu. Die meisten Bewerber werden nie erfahren, wem sie ihre Anstellung oder Ablehnung verdanken. Johanna spielt nun die Rolle des Schicksals hinter dem Vorhang. Ihre Gutachten schneiden sich in viele Lebensläufe ein.

### Das Mysterium des Todes

Sie hat viele Freunde, Bekannte und Gönner, die sie eher zu beschenken pflegt, als daß sie von ihnen etwas annimmt, sei es auch nur mit einem Strauß Blumen. Aber als ihr die Fürstin von Hohenlohe, die zu den Freundinnen zählt und von Johannas großer Menschenfreundlichkeit angerührt ist, das lebenslängliche Wohnrecht in einem der Räume des Schlosses Langenburg anbietet, sagt sie freudig zu. Ihr Zimmer liegt freilich im Angestelltentrakt und muß erst noch möbliert werden.

Im Februar 1956 beschleicht sie eine Todesahnung. "Manchmal denke ich, ich sollte bald sterben - aber weißt Du, nicht etwa aus Traurigkeit ... Ich freue mich an den Eisfächern einer Fensterscheibe, an Musik, Vögeln, Kätzchen, an Briefen. Warum denn sterben? Vielleicht aus alledem heraus, solange es schön und bewegt ist - ich weiß nicht, ob ich mir die Kraft dieses Erlebens erhalten könnte. Und manchmal denke ich auch ganz nüchtern, daß ich in keinerlei Versicherung bin und krank oder alt von der sogenannten Fürsorge übernommen werden könnte."

Das möchte Johanna nicht. Eigentlich will sie dem körperlichen, seelischen und geistigen Kräfteverfall zuvorkommen. Wird dieser Wunsch erfüllt werden? Ihre frühere Mürrischkeit ist überwunden. Der Spitzname "Iwan der Schreckliche" trifft nicht mehr zu. "Ich bin meist froh und ich genieße - nennen wir es - Einsamkeit und Freiheit." Nun, da das Bleigewicht der Schwermut sie nicht mehr niederdrückt, will sie sterben. Aber auch dies aus dem großen Freiheitsverlangen.

Die Todesahnung streicht wie ein eiskalter Hauch an Johanna Führer vorbei. "Wie ich darauf gekommen bin, kann ich nun wirklich nicht sagen:" Aber da sich die Ahnung mit dem Todeswunsch paart, wird das Gefüge des Lebens gelockert. Dies ermöglicht noch tiefere Einsichten. Doch der Vertrag mit dem Leben, den jeder von uns schließt, ist stillschweigend gekündigt - es wendet sich beleidigt ab. Wer sich einmal zum Sterben entschlossen, lebt nur noch auf Abruf. (Deshalb wird auch der mißlungene Selbstmord meist wiederholt, bis er gelingt.)

Wieder ist Johanna Führer nach München zu ihrer besten Freundin gefahren und bei Anna-Maria Zwintschert zu Gast. Sie haben ein sehr intensives Verhältnis und ein schönes Wochenende verbracht. Am Montagmorgen - es ist der 28. Januar 1957 - richtet Anna-Maria in der Küche ein gemeinsames Frühstück für Hanna, die noch schläft, und für ihre Mutter, die vor zwei Tagen aus dem Krankenhaus gekommen ist. Dann verläßt sie wie üblich gegen 7.30 Uhr das Haus, um ins Büro zu gehen.

Eine Viertelstunde bleibt alles ruhig. Dann hört die Mutter in der Küche einen Schrei und einen schweren Fall. Sie klopft, niemand antwortet. Ihr graut. Sollte ein Mörder im Haus ein? Vor Angst traut sie sich nicht hinein, geht in ihr Zimmer zurück, reißt das Fenster auf und ruft laut um Hilfe. Aus dem gegenüberliegenden Finanzgericht kommt alsbald ein Mann gelaufen, dem eine Frau folgt. Er betritt die Küche. Da liegt eine leblose Frau auf dem Boden und scheint nicht mehr zu atmen. Angeblich ist Johanna Führer tot, dennoch ruft er die Unfallstation an, auch Anna-Maria Zwintschert in ihrer Firma. Als diese gegen 9.15 Uhr eintrifft, laufen unbekannte Personen von Zimmer zu Zimmer. Haus- und Wohnungstür sind weit geöffnet. In der Küche liegt ihre Freundin zwischen Herd und Tisch, blutüberströmt, als wäre ihr Gewalt angetan worden. Über sie beugen sich gerade zwei Sanitäter. Im Hof steht ein Krankenwagen des Roten Kreuzes.

Anna-Maria Zwintschert wendet sich an die Sanitäter: "Ja, um Gottes Willen, zögern Sie doch nicht! Nehmen Sie sie doch mit! Retten Sie sie!"

"Das können wir nicht! Wir haben unsere Bestimmungen! Erst muß ein Arzt kommen!"

Obwohl Anna-Maria die Sinne zu schwinden drohen, ruft sie selbst einen Arzt an. Er trifft erst nach einer halben Stunde ein und kann nur noch den Tod Johanna Führers feststellen. Womöglich hat sie in der Zwischenzeit noch gelebt, aber über ihrem Körper geschwebt. Frau Zwintschert hört den Arzt wie aus einem Nebel sagen, er müsse die Kriminalpolizei verständigen, da ein Verbrechen nicht auszuschließen sei. Das Überfallkommando rast mit heulenden Sirenen heran. Außerdem erscheint die Mordkommission. Fragen über Fragen werden der Verstörten gestellt. Auch Arthur Rapp, der nun in München wohnt, kommt. Vor der Küchentür steht ein blutjunger Polizist und hält Wache, bis man die Leiche abtransporiert. Im Gerichtsmedizinischen Institut wird sie seziert. So ist Johanna Führer doch unter die "Fürsorge" gefallen, freilich unter eine "Fürsorge", die nicht vorauszusehen war.

Hätte sie noch gerettet werden können, wenn sie sogleich ins Krankenhaus gebracht worden wäre? Vielleicht. Was in ihrer letzten Stunde auch geschehen sein mag, der Verdacht eines Verbrechens erweist sich als abwegig. Wahrscheinlich kam wieder ein epileptischer Anfall und im Sturz schlug sie mit dem Kopf auf die Tisch- oder Herdkante auf. Johanna Führer ist vermutlich ihrer Krankheit und einem Unglück zum Opfer gefallen. Aber es bleibt ein Rest der Ungeklärtheit. Das Unberechenbare hat den Ausschlag gegeben. Der Tod ist immer ein Mysterium.

## *Nachspiel*

In Langenburg war sie sehr beliebt, besonders unter den einfachen Leuten. Ihre Bestattung, obwohl ohne Pfarrer, soll eine der feierlichsten in der Geschichte des Ortes gewesen sein. "Ganz Langenburg war erschienen, auch viele, viele Leute aus der Umgebung, und alle haben bitterlich geweint." Ein kleines Mädchen lief weinend ins Haus: "Mama, Mama, die Frau ist tot, die uns immer die Gutsele geschenkt hat!" Alle Blumen waren ausverkauft. Alpenveilchen mußten durch einen Sonderboten aus Bad Mergentheim gebracht werden. Eine ganz einfache Frau brach bei der Nachricht von Hannas Tod unter Tränen in die Worte aus: "Mir ist grad so, als ob der Kirchturm nicht mehr steht!"

Trotz der "Fürsorge", unter die Johanna letztlich wider Willen gefallen, ging doch ihr großer Wunsch in Erfüllung, sich immer enger mit dem leidenden Volk zu verbinden.

Ihr Begräbnis nahm beinahe den Charakter einer Demonstration an, so daß dem Bürgermeister Bedenken kamen. Er ließ bald darauf verlauten: "Wenn bei der Beerdigung 2000 Leute dabeigewesen wären, dann wären nachher bestimmt 1000 aus der Kirche ausgetreten." Der CDU-Bürgermeister fürchtete die gläubige Freidenkerin. Silvio Gesell hatte "wider die Staatskirchen" gewettert, wie gegen alles von staatswegene. Diesem Geist ist Hanna Blumenthal trotz ihres Wandels auch als Johanna Führer treugeblieben. Sie war sozialgesinnte Freiheit in Person, eine Brücke, über die viele Menschen schritten und auf die sie Blumen gestreut.

Ich bin eine Brücke
Menschen gehen über mich hin
zueinander. Und Wolken wandern.
Unter mir wirbeln die Wasser
des ewig fließenden Flusses.
Umströmt vom Leben,
stehe ich steinern allein.

Das traf nicht mehr zu. Ihre einst starre Eigenheit hatte sich in Humanität aufgelöst. Obwohl innerlich und notwendig einsam wie alle Künstler, stand sie nicht mehr allein.

## Nachruhm

Hanna Blumenthal hat - auch noch als Johanna Führer - Hunderte von Gedichten geschrieben, aber vergeblich nach einem Verlag gesucht. Sie sind absichtsfrei entstanden, "aus dem inneren Müssen" bestimmter Erlebnisse. Wer sie gefragt, warum der Mensch Gedichte schreibe und lese, konnte nur für einzelne Verse eine rationale Antwort erhalten. Im allgemeinen - so Hanna Blumenthal/Johanna Führer - wird mit der Dichtung "ein uraltes, ganz elementares und offenbar lebenssteigerndes Verlangen erfüllt, dessen Wurzeln im Irrationalen liegen und dessen Krone dorthin strebt".

Anscheinend kennen wir die eigentlichen Ziele des Lebens nicht. Womöglich steht auch die Ratio im Dienste des Irrationalen. Vielleicht sind sie "keine prinzipiellen Gegensätze, sondern auf dem Weg zur Symbiose". Leider hat sich die Autorin zu diesem wichtigen Thema nicht geäußert. Meines Erachtens war sie imstande, dazu noch Bedeutendes zu sagen.

Als sich auch nach ihrem Tode kein Verleger finden ließ, der bereit und interessiert war, die Gedichte herauszubringen, haben sich ihre Freundin Anna-Maria Zwintschert und ihr Bruder Hans-Joachim Führer dazu entschlossen, das auf eigene Kosten zu tun, Der erste Band erschien im Frühjahr 1979. Johanna hatte bereits im August 1952 ein kurzes Nachwort geschrieben. Es läßt erkennen, daß die Veröffentlichung ihrer zuweilen recht intimen Poesie eine Mutprobe für sie gewesen wäre. Sie gab ihr Einverständnis - das sie sich abringen mußte - im Glauben an einen Sinn, insbesondere an den Sinn der Kunst. Ehrgeiz und Ruhm lagen ihr fern. Sie wollte anderen Menschen etwas geben und mitteilen.

Die Veröffentlichung von Gedichten ist immer eine Freigabe des Autors, der sein Gesicht verlieren kann und sich allen möglichen Nadelstichen aussetzt. Der erste Band enthält aber nicht nur Poesie, sondern auch ausgewählte Aquarelle und Kreidezeichnungen. Ferner ein Bild der Autorin, die sowohl zu schreiben und zu dichten als auch meisterhaft zu malen verstand - naturalistisch wie impressionistisch. Mit den Farben ging sie ebenso wählerisch und sparsam wie mit den Worten um.

Nicht alle ihre Gedichte haben eine künstlerische Form. Gleichwohl war das Echo des ersten Bandes so groß, daß die Freundin aus dem Nachlaß noch einen zweiten herausgab, wiederum als Privatdruck.

Was haben die gleichlautenden Titel DER TIEFBESIEGTE zu bedeuten? Sie sind einem kleinen Gedicht von Rilke entnommen. Wachstum heiße, "der Tiefbesiegte von immer Größerem zu sein". Also dies war das Leitthema Hanna Blumenthals, die inneres Wachstum über geschäftlichen Erfolg stellte.

Auch der zweite Band bahnte sich von selbst den Weg zu denjenigen Lesern, für die er bestimmt war. Wie der erste wurde er nirgendwo rezensiert und der Öffentlichkeit vorgestellt. Dennoch könnte sich Hanna Blumenthal nun auch als Dichterin bestätigt fühlen. Beide Bände wurden noch von ihr selbst zusammengestellt, wobei sie einige Verse des ersten in den zweiten übernahm.

Als Prolog für beide eignet sich das folgende Gedicht, aus dem freilich mehr Johanna Führer als Hanna Blumenthal spricht:

> Du großer Geist, ich wollte klagen,
> daß ich nicht tätig war wie jene alle,
> die Dir in deinen Fingerspitzen liegen.
> Wie Nacht kam über mich ein tiefes Zagen,

ein tiefer Traum kam mit der Nacht.
Da sah ich Sterne blinken, die der Tag verbarg.
An Deinem Herzen bin ich aufgewacht.

Auch die einstige Kämpferin ergriff im zweiten Bande noch einmal das Wort, nun abgeklärt und von jeglichem Hasse gereinigt:

Ihr, die ihr weint, irgendwo in der Welt,
dies Euch zu sagen bin ich gesandt:
Nehmt Eure Tränen in Eure Hand,
seid gut zu ihnen, daß keine verworfen werde,
daß keine sinnlos fällt.
Denn seht: Alles ist stetig im Wandel,
und was die Liebe trägt, wächst in die Werte hinein.
Jede Träne wird einst zum Edelstein.
Und was Ihr heute erleidet an Schmerzen und Sorgen:
Morgen wird's Eure Freude sein.

Nicht auf Anhieb leuchtet das ein, doch wer die letzten Zeilen in seinem Herzen ruhen läßt, wird sie schließlich von innen her verstehen. Die erste Zeile war von Rilke, wurde aber anders als von ihm weitergeführt.

Jeder Mensch ist ein roher Diamant. Sich selber abschleifen kann er nicht. Das müssen Andere besorgen, gut oder schlecht. Wohl dem, der sich ihnen aussetzen und den Schmerz ertragen kann. Aber es bedarf auch der Arbeit an sich selbst, der inneren Formung, des eigenen Wandels.

Dies hat Hanna Blumenthal, hat Johanna Führer ein wenig vorgelebt. Erst dadurch ist ihre Botschaft glaubwürdig geworden.

# Arthur und Maria Rapp

Versuch zweier Porträts
von
Günter Bartsch

# Hans Arthur Rapp

\* 6.8.1903 in Schwenningen am Neckar

† 19.4.1990 in München

# Maria Magdalena Rapp

geb. Blumenthal

\* 15.10.1899 in Berlin

† 29.5.1992 in München

Seit der Bekehrung -
ein ganzes Leben für die Sache Gesells

Versuch eines Porträts von

# Arthur Rapp

von
Günter Bartsch

Arthur Rapp ist in einem christlichen Elternhaus mit sechs Geschwistern aufgewachsen. Namentlich seine Mutter scheint ein tiefgläubiger Mensch gewesen zu sein. Sie trägt ihren Kindern religiöse Gedichte vor, die sie sich fürs ganze Leben einprägen sollen. Arthur verschlingt wie fast alle Jungen die Bücher von Karl May. Daneben interessieren ihn die Kosmos-Bücher und -Hefte, so von Bölsche und Flöricke. Noch als Schüler der Turngemeinde beitretend, die eine eigene Bibliothek hat, ist er in den Übungsstunden mehr in der Bibliothek als beim Turnen. Vorzugsweise liest er naturkundliche, später auch philosophische Schriften. Ein mit 17 erworbenes Buch heißt ELEMENTE DER PHILOSOPHIE; von den darin dargestellten Lehren wirkt die der Stoiker am anziehendsten.

Am 6.8.1903 in Schwenningen geboren, erlebt Arthur mit 15 die deutsche Novemberrevolution. In seinem Geburtsort wird zwar nicht geschossen, aber gestreikt. Er tritt den Gewerkschaften bei, die rasch an Bedeutung gewinnen, wird auch Leser in der Gewerkschaftsbibliothek, wo er sowohl das Marxsche KAPITAL als auch Upton Sinclairs SUMPF findet. Das Studium des KAPI-TAL gibt Arthur nach 20 - 30 Seiten wieder auf, während er den Roman von Sinclair von der ersten bis zur letzten Seite liest. Schon aus der Novemberrevolution hat ihn der heiße Atem des sozialen Problems angeweht. Sollte die Welt verbesserungsbedürftig sein? Bedarf es dazu des Sozialismus?

Aber auch die Lebensreformbewegung fasziniert Arthur Rapp. Er tritt dem Schwenninger Naturheilverein bei, der mehrere 100 Mitglieder hat. Obwohl erst 18-jährig, wählt man ihn wegen seiner Aktivität und seines Enthusiasmus bald zum Schriftführer. Er gründet eine Jugendgruppe des Vereins, die ihn zu ihrem Leiter kürt.

Gewerkschaft, Naturheilverein, Jugendgruppe - alle drei fordern und fördern Gemeinschaftsgeist. Sollte dies auch der Inbegriff des Sozialismus sein?

## Bekehrung

Während der schleichenden Inflation weiß Arthur kaum, was er mit dem Geld eigentlich anfangen soll. Waren gibt es kaum noch, aber Bücher. Seit seiner Kindheit eine Leseratte, betritt er an einem Samstag eine Buchhandlung. Ihre Regale sind voll. Arthur sucht sich mehrere Bücher heraus, darunter eins mit dem flüchtig gelesenen Titel DAS BESTE IM MENSCHEN. Zu Hause näher betrachtet, heißt es in Wahrheit DIE BESTIE IM MENSCHEN (von Henry Barbusse). Arthur ist enttäuscht und angewidert. Er glaubt an das Gute im Menschen. Dieses versehentlich gekaufte Buch will er keine einzige Nacht behalten. Also noch einmal raus in die Kälte und den Regen, es ist kurz vor Ladenschluß. Der Buchhändler erklärt sich zum Umtausch bereit. Arthur wählt die Broschüre WAS IST SOZIALISMUS? von Werner Zimmermann. Sie scheint der beste Ersatz zu sein.

Zu Hause vertieft er sich alsbald in diese schmale Schrift. Sie ist für ihn "erregend und überzeugend zugleich". Mehr noch: eine Offenbarung. Sein ganzes Wesen wird davon ergriffen. Ein Verlegenheitserwerb erweist sich als schicksalshaft. Natürliche Wirtschaftsordnung (NWO) und Sozialismus (SPD?) scheinen zusammenzuhängen.

Arthur kann es kaum erwarten, bis der Sonntag vorüber ist. Schon am Montag gibt er sein neugewonnenes Wissen an die Kollegen und Bekannten weiter. Allen empfiehlt er dringlichst, ebenfalls die Broschüre Werner Zimmermanns zu erwerben. Ist aus dem noch am Samstag ratlos umherschweifenden jungen Mann ein freiwirtschaftlicher und sozialistischer Missionar geworden? Nein, bei weitem noch nicht. Aber Zimmermann hat seinen tappenden Geist ergriffen, durch die Luft gewirbelt und auf ein festes Fundament gestellt.

Arthur Rapp erwirbt auch LICHTWÄRTS von ihm und bestellt weitere Schriften. In ihrem Anhang findet er die Anschrift einer freiwirtschaftlichen Zeitung, welche wiederum Adressen von NWO-Gruppen mitteilt. Welche Überraschung: auch in Schwenningen gibt es schon eine. Arthur geht sofort hin. Er wird als jüngstes Mitglied "mit offenen Armen in die Gemeinschaft aufgenommen" und stürzt sich auf das Studium des Gesellschen Werks DIE

NATÜRLICHE WIRTSCHAFTSORDNUNG. Bald ist er "diesen neuen Erkenntnissen restlos verfallen".

Eine solche Bekehrung hat sozialreligiösen Charakter und kann ebenso lebenslang binden wie eine Transzendenzreligion. Arthur Rapp kommt nie mehr davon los. Staunend sieht er vor seinem inneren Auge eine neue Welt erstehen. Sie stimmt mit seinen Wunschvorstellungen überein. Auch fällt sie in seine Sturm- und Drangzeit. Obwohl ihn die Freiwirtschaftslehre gefangen nimmt, entwickelt er "in dieser Sache eine Selbständigkeit, die es vorher nicht gab". Der freiwillige Zwang tut sein Werk. Was sind die biblischen Tröstungen gegen Gesells Verheißung der Menschheitsbefreiung aus Knechtschaft und Not? Arthur Rapp fühlt sich auserwählt, daran kräftig mitzuwirken. Zur sozialen Ergriffenheit tritt der missionarische Drang.

Werner Zimmermann verknüpft Sozialismus und Individualismus. Der erstere entspreche dem WIR, der zweite dem ICH. Im freien Sozialismus kämen sowohl das soziale wie auch das individuale Wesen des Menschen zum Zuge. Er werde im rauhen Kampf ums Dasein die Besten an die Spitze bringen.

*An der Seite Gesells*

In Schwenningen hält es Arthur Rapp nach seiner Bekehrung bald nicht mehr aus. 1925 geht er nach Berlin, um Silvio Gesell kennenzulernen und ihm seine Mitstreitschaft anzutragen. Zunächst ist er im Physiokratischen Kampfbund (FKB) tätig. Kritische Gedanken zu dessen WÄRA-Aktion, die in oppositionellen Rundbriefen verbreitet werden, führen 1929 zum Ausschluß. Es scheitert auch der Versuch, diese Gedanken unter dem Titel ANGE-WANDTE FREIWIRTSCHAFTSLEHRE in einer NWO-Zeitschrift oder als Broschüre zu veröffentlichen - sie sollte nur an Mitglieder freiwirtschaftlicher Organisationen verkauft werden, worauf sich natürlich kein Verlag einlassen konnte.

1931/32 vertritt der Autor die Ansicht, die Freiwirtschaft sei auf dem besten Wege zur politischen Macht gewesen. "Leider hat eine sehr zur Geltung gekommene Paranoikergruppe das abgeblockt." Gemeint ist offenbar die Spitze des Physiokratischen Kampfbundes um Hans Timm.

Arthur Rapp sucht Kontakt zu Berta Heimberg, der Bundesgeschäftsführerin des Freiwirtschaftsbundes (FWB), mit der er in einen Gedankenaustausch über theoretische Fragen eintreten möchte, für den sie keine Zeit hat. Er wird jedoch mit der Vertretung des FWB in Berlin beauftragt. Arthur ist arbeitslos und nun Geschäftsführer ohne Gehalt; er könnte sich den ganzen Tag der Freiwirtschaft widmen, wenn er wenigstens ein minimales Auskommen hätte. Der Bankier Gustav König erklärt sich zur Unterstützung bereit, will aber nur die Auslagen ersetzen, dazu noch abzüglich der Fahrtkosten. Persönliche Gespräche vom Dezember 1932, an denen auch Prof. Sveistrup und Karl Walker beteiligt waren, hatten die Hoffnung genährt, König sei zum Unterhalt eines Berliner FWB-Geschäftsführers bereit. Arthur Rapp schreibt am 14.2.1933 dem Bankier einen Brief: "Ich habe den Eindruck, als ob Sie glauben, ich sei unerschöpflich darin, meine Zeit und Arbeit für die Frei-wirtschaft zu opfern und ich fordere vielleicht mehr aus Prestigegründen als aus wirklicher Notwendigkeit. Demgegenüber muß ich sagen, daß nur aller-äußerste Sorgen um die Aufrechterhaltung der bisherigen Verrichtungen mich zwingen, mich in dieser - mir höchst unangenehmen - Form an Sie zu wenden ... Ich mag in dieser Sache nicht von Fall zu Fall dieselbe seelische Belastung tragen. Dieses stete Ringen um das selbstverständliche Ersetzen meiner Auslagen zermürbt mich dermaßen, daß ich kaum noch die Kraft habe, um die wichtigeren Probleme der Bewegung mit der nötigen Aufmerksamkeit zu verfolgen."

Der Bankier König zahlt, wie es scheint, einmal 100 Reichsmark, dann nur noch 50 monatlich. Trotzdem hält Arthur Rapp die Geschäftsstelle aufrecht, solange es geht, wohl bis Herbst oder Ende 1933. 1935 veröffentlicht er in Otto Lautenbachs Zeitschrift SCHULE DER FREIHEIT einen Artikel: "Tausend Jahre Kampf gegen den Zins". In dieser freilich rein historischen Betrachtung ist keine Konzession an die braunen Machthaber zu entdecken. Die folgenden Sätze enthalten eher einen Anflug von Kritik: "So viele Versuche auch unternommen wurden, die Zinsknechtschaft zu brechen, alles schien vergeblich. Heute wissen wir, daß man - auf Grund dieser Erfahrungen - dem Zins niemals durch Verbote und Beschränkungen etwas anhaben kann, ja daß man durch solche Maßnahmen immer nur ganz verhängnisvolle Störungen der Wirtschaft herbeiführt. Der Zins ist das Ergebnis des jeweiligen Kapitalmarktverhältnisses. Um eine zinssenkende Wirkung zu erzielen, müssen Maßnahmen getroffen werden, die zu einem verstärkten Angebot von Kapital führen. Aber, wie schon erwähnt, waren solche Überlegungen den mittelalterlichen Zinsgegnern nicht geläufig. Sie appellierten zunächst lediglich an das Verantwortungs- und Gemeinschaftsgefühl ..."

Der Artikel ist so lupenrein freiwirtschaftlich, daß er ohne Veränderung in den 70er Jahren noch einmal veröffentlicht werden kann, als wäre er erst zu diesem Zeitpunkt geschrieben.

1926 trat Arthur Rapp eine Stellung bei der Fa. **Siemens** an, verlor sie allerdings 1930 "infolge umfangreichem Personal-Abbau (allgemeine Wirtschaftskrise)". 1934 kehrt er dienstverpflichtet zu Siemens zurück und ist dort als Fachkraft bei Kriegsausbruch so unentbehrlich, daß man seine Freistellung vom Militärdienst beantragt. Der Antrag wird genehmigt. So kann Arthur in der Firma Siemens überwintern und überleben. Anscheinend hält er die gesamte Kriegszeit Verbindung zu freiwirtschaftlichen Kreisen und Privatzirkeln. Nach seinem eigenen Bericht hat er sich während des Dritten Reiches "mit den gegebenen Einschränkungen ständig aktiv für die Gesellsche Sache eingesetzt". Rückblickend schreibt er: "Das ganze Gerede von Diktatur und Revolution (als Mittel zur Realisierung der NWO-Forderungen), wie es schon in den 20er Jahren namentlich in der Timm-/FKB-Richtung üblich war, betrachte ich kurz gesagt als Schaumschlägerei, die der Bewegung beträchtlichen Schaden zufügte. Es gab bei uns keine potentiellen Revolutionäre von Format. Auch Gesell hat sich in diesem Punkt übernommen ..."

*Neubeginn*

1945 kehrt Arthur Rapp zu Fuß von Berlin nach Schwenningen zurück, wo er sogleich mit dem Wiederaufbau des Freiwirtschaftsbundes beginnt. Er verfaßt ein POLITISCHES MANIFEST zum Zusammenbruch Deutschlands. Der Kampf gegen die "Versailler Tribute" habe Hitler in den Sattel geholfen. "Unter der Einwirkung einer katastrophalen Arbeitslosigkeit mit ihrem trostlosen Massenelend" sei die Mehrheit des deutschen Volkes dem trügerischen Lockruf "Arbeit und Brot" gefolgt. Hitler war die Hoffnung der Ertrinkenden, denen jede Hilfe recht ist. Er habe jedoch die totale geistige und körperliche Erschöpfung des deutschen Volkes dazu ausgenützt, es "durch Massenhypnose in einen willenlosen Zustand zu versetzen, aus dem es zu spät erwachte". Inzwischen waren in seinem Namen schreckliche Dinge getan, für die es nunmehr büßen solle. Stattdessen müßten vom deutschen Volk selber die Repräsentanten der NSDAP und verantwortliche Politiker der Weimarer Republik vor ein Tribunal gestellt werden.

Im Antrag auf Zulassung des Freiwirtschaftsbundes FFF Schwenningen heißt es, er würde seine Hauptaufgabe darin sehen, "das wirtschaftspolitische System Silvio Gesells, eines Deutsch-Franzosen aus dem Kreis Eupen Malmedy, zu propagieren und zu verwirklichen."

Schwenningen liegt in der französischen Besatzungszone, weshalb es sich für gewitzte Leute empfiehlt, Gesell als Halbfranzosen hinzustellen. Zur Entlastung des deutschen Volkes wird erwähnt, die NSDAP sei nur aufgrund einer katastrophalen Wirtschaftspolitik gewisser Parteien an die Macht gekommen. Arthur Rapp wendet sich von Anbeginn scharf gegen die Kollektivschuldthese.

Aus seiner Feder liegt ein offizieller Antrag auf Genehmigung des Schwenninger Freiwirtschaftsbundes vor, der bereits recht aktiv ist. Für ihn handelt es sich nicht um die Neugründung, sondern um die Wiederzulassung einer verboten gewesenen Organisation. Er ist sehr intensiv am Wiederaufbau der NWO-Bewegung beteiligt und wird innerhalb der französischen Besatzungszone zu einem ihrer führenden Köpfe. - Schon am 16. Juli 1945 arbeitet er einen fünfseitigen Schriftsatz aus: "Grundsätzliches über die gegenwärtigen und kommenden Arbeitsmöglichkeiten für FFF". Worin unter Punkt I empfohlen wird, in der öffentlichen Werbetätigkeit auf die polemische Erörterung der Grundideen (Freiland, Freigeld) zu verzichten, "weil
a) diese in keiner Weise korrekturbedürftig sind
b) die Stichhaltigkeit der Grundsätze zur Genüge bekannt und erhärtet ist
c) kein Interesse für die Erörterung in der Öffentlichkeit vorhanden ist
d) Gegner nur böswillig und beschränkt sein können, denen gegenüber keinesfalls Belehrung, sondern zur Zurechtweisung angebracht ist

e) gutwillige Interessenten in Schulungskursen, durch unsere Literatur sowie durch persönliche Aufklärung geeignete Belehrung erhalten können."

Im Verlauf der Erörterung praktisch-politischer Probleme werde genügend Gelegenheit gegeben sein, "die noch nicht erfaßten Volksschichten" von der Zweckmäßigkeit des FFF-Programms zu überzeugen. Nur Erfolge auf dem Gebiet der praktischen Politik können der Freiwirtschaft jenes Prestige verschaffen, ohne welche eine politische Bewegung nun einmal nicht groß werden kann." Sie ist in das Stadium der praktischen Betätigungs- und Bewährungsmöglichkeit versetzt. Es sei also nötig, Teilziele zu verwirklichen sowie günstigere Voraussetzungen für die Einführung von Freiland, Freigeld und Festwährung zu schaffen.

Unter Punkt II heißt es daher, die grundsätzliche Haltung aller Freiwirte sollte darin bestehen, "nicht nur zu opponieren, sondern sich an der Verantwortung für die kommende Neuordnung des öffentlichen Lebens zu beteiligen". Als Beispiel weist Arthur Rapp auf Gesells Tätigkeit in der 1. Bayrischen Räterepublik hin. "Seine damaligen Vorschläge für die Wiederherstellung der öffentlichen Ordnung und die Regelung der Reparationsfrage sowie für den Aufbau des Weltfriedens betrachten wir auch für die heutige Zeit als maßgeblich." Überall sei eine Reduzierung des aufgeblähten, überorganisierten und kostspieligen Staatsapparates bis auf ein gerechtfertigtes Minimum zu fordern. Gerade die Erörterung dieses Problems könne "die wertvollsten Freunde bringen".

Unter Punkt III schlägt Arthur Rapp aber vier neue Zentralbehörden vor, nicht nur ein Staatliches Währungsamt und eine Reichsbodenverwaltung (wie der frühere Freiwirtschaftsbund), sondern darüber hinaus

- ein Ministerium für den Aufbau und die Sicherung einer krisensicheren Wirtschaft
- ein Ministerium für weltwirtschaftliche Verständigung auf der Grundlage des Freihandels und einer Internationalen Valutaorganisation.

Anscheinend ist er überzeugt, daß diese Ministerien, einmal geschaffen, in die Hände von Freiwirten fallen werden, da sie die dafür einzigen Sachverständigen sind.

Rapp hält es für nötig, daß sich der neue Freiwirtschaftsbund als politische Partei konstituiert, um bestimmenden Einfluß innerhalb der kommunalen und zentralen Volksvertretungen gewinnen zu können. Die freiwirtschaftlichen Abgeordneten hätten jeweils die zur Debatte gestellten geplanten Unternehmungen konjunkturpolitisch zu beleuchten und zu begutachten. Sie sollten auch selbst Vorschläge einreichen, "durch welche die betreffenden Volkskreise vor Schaden bewahrt werden." Schließlich müßten sie die Errichtung der vier genannten staatlichen Institutionen fordern, vorbereiten und populär machen. Arthur Rapp drängt auf die rechtzeitige Festlegung einer klaren Linie, weil sonst der abträgliche Eindruck einer gewissen Verworrenheit entstünde. Es wäre am besten, die Herstellung einer einheitlichen Begriffsbestimmung in einen Meinungsaustausch der **aktiveren** Freiwirte zu verlegen und auf sie zu beschränken.

Gibt es denn wirklich eine Chance, die öffentliche Neuordnung mitzubestimmen und in Richtung Freiwirtschaft auf den Weg zu bringen? Oder ist Arthur Rapp ein Phantast?

Auskunft gibt ein Bericht von Paul **Schriele**, dem Vorsitzenden des Schramberger Freiwirtschaftsbundes, über eine öffentliche Versammlung in diesem verhältnismäßig kleinen Ort. "Der Saal war vollbesetzt trotz Ungunst der Zeitverhältnisse. Die aufgestellten Zähler stellten cirka 700 Personen fest. Eine solche Besucherzahl hat noch keine politische Partei zu verzeichnen. Von besonderer Bedeutung aber ist, daß die Mehrzahl Jugendliche waren, die aufs höchste begeistert waren ... Vier junge Leute von der Oberschule waren so interessiert, daß sie eine Jugendgruppe bilden wollen. Zwei Klassen der Oberschule waren geschlossen in der Versammlung."

Diese Angaben sind in einem Brief Paul Schrieles vom 5.7.1947 enthalten. Sie stimmen überein mit anderen Berichten. Volle und überfüllte Säle gibt es nicht nur in der französischen, auch in der amerikanischen und britischen, ja sogar in der sowjetischen Besatzungszone und in Berlin. Der Freiwirtschaft kommt in den ersten Nachkriegsjahren eine Welle der Sympathie und Erwartung entgegen.. Das läßt Arthur Rapps Hoffnungen berechtigt erscheinen. Ich habe selbst miterlebt, welch großen Widerhall sie zunächst fand.

Andererseits brechen die früheren Konflikte in ihr wieder auf. Die Radikal-Soziale Freiheitspartei bestreitet dem neuen Freiwirtschaftsbund sogar das Recht, ohne Absprache mit ihr eine Warenmarkaktion in Gang zu setzen. Unter den Freiwirten wird eine wirtschaftspolitische Meinungsverschiedenheit leicht zur Glaubensfrage und persönlichen Feindschaft, woran sich zeigt, daß sie zum Sektierertum neigen.

Arthur Rapp ist zwar besessen von der freiwirtschaftlichen Idee, aber kein Sektierer. Er kann Meinungsverschiedenheiten aushalten und tolerieren, ja sogar überbrücken, weil er dazulernen will. Ein Beispiel. Die meisten Freiwirte waren gewerkschaftsfeindlich eingestellt, weil Gesell Streiks verurteilt und die Gewerkschaften wegen dieses "Unsinns" gerügt, auch für überflüssig erklärt hat. Arthur Rapp hingegen hält sie für notwendige Sozialpartner der Unternehmerverbände, die als solche von allen NWO-Organisationen anerkannt werden sollten. Unter diesem Gesichtspunkt schreibt er einen Artikel für die WELT DER ARBEIT, der darin auch veröffentlicht wird und wiederum Anklang bei zahlreichen Freiwirten findet. In dem erwähnten Brief berichtet Paul Schriele auch: "Dein Artikel hat bei meinen Kollegen eingeschlagen." Er selbst wolle ebenfalls einen für die Gewerkschaftspresse schreiben. "Mir ist klar, daß sie die Freiwirtschaft nicht auf einen Stoß annehmen, aber den Boden bereiten wir für unsere Sache vor ... Wo wäre es früher möglich gewesen in Schramberg, daß mitten auf den Schaufenstern unseres Gewerkschaftsbüros Plakate aufgeklebt werden konnten für unsere freiwirtschaftliche Veranstaltung?" Dies sei vor allem Arthur zu verdanken. "Verpflichtet uns Freiwirte natürlich auch, in den Gewerkschaften mitzuarbeiten. Ich kann ruhig sagen, die Gewerkschaften Schrambergs sind für unsere Sache gewonnen."

Der Schwenninger Freiwirtschaftsbund holt sich die volkstümlichsten und zungenfertigsten Referenten: Werner Zimmermann, Otto Lautenbach, Karl Polenske, Wilhelm Merks. Zur ersten öffentlichen Veranstaltung mit Zimmermann kommen an 1000 Personen.

Arthur Rapp ist auch an der Gründung des Freiwirtschaftsbundes in Balingen beteiligt. Seine unermüdliche Aktivität macht von sich reden. Er wird als Delegierter aller Freiwirte der französischen Zone zu westdeutschen Tagungen entsandt, aus denen schließlich eine interzonale Arbeitsgemeinschaft hervorgeht.

Um in dieser die Weichen richtig zu stellen, beginnt er schon 1946 mit der Versendung von Rundbriefen an Personen, die den Kern einer neuen NWO-Bewegung bilden könnten. Arthur Rapp warnt sie vor Otto Lautenbach, dessen Rednergabe zwar genutzt werden sollte, der aber für den Vorsitz des Freiwirtschaftsbundes der amerikanischen Zone politisch zu belastet sei. In diesem Sinne schreibt er am 10.4.1947 an Friedrich Salzmann:

"Otto Lautenbach ist meines Erachtens eine Gefahr für unsere Bewegung. Man sollte wenigstens darauf verzichten, ihm ein verantwortliches Amt zu übertragen."

Lautenbach wird jedoch zum Vorsitzenden des neuen Freiwirtschaftsbundes gewählt und Arthur Rapp dessen Mitglied, als die Orts- und Kreisverbände der neuen NWO-Bewegung Westdeutschlands miteinander verschmelzen. Seine kritische Haltung bleibt aber wach. Otto Lautenbach hat zwischen 1933-38 versucht, den Nationalsozialismus zum Flugzeugträger der Gesellschen Ideen zu machen.

### Die Entwertung der Freiheit

Nach einer vorausgeschickten Denkschrift veröffentlicht Arthur Rapp 1948 eine Broschüre, die wiederum nur für Gesellianer gedacht ist, um in der Öffentlichkeit den Eindruck zu vermeiden, die Freiwirtschaft sei in sich zerstritten. Wie er darüber an Ernst **Goebel** schreibt, drängt sich ihm immer wieder die Frage auf, "ob wir es überhaupt richtig anfangen in der Art, wie wir die Masse ansprechen. Ich bin der Meinung, daß unser Appell an den Freiheitsdrang der Massen ganz verfehlt ist. Richtiger wäre es, die Werbung auf die Forderung nach Sicherheit der Lebensexistenz auszurichten."

Das ist der Kerninhalt seiner Broschüre über die Entwertung des Freiheitsbedürfnisses. Die NWO-Politik soll sich auf den Boden der Massenpsychologie stellen (auf einen allerdings schwankenden Boden). Arthur Rapp hat **Le Bon** und wohl auch Freuds diesbezügliche Schrift ausgewertet, aber vor allem Otto **Rühle**, der unter dem Pseudonym Carl Steuermann schon 1932 geschrieben: "Freiheit, Rivalität und Macht sind die drei Faktoren bürgerlicher Menschlichkeit, bestimmen auch Wesen und Struktur der kapitalistischen Wirtschaft und Gesellschaft." Alle Lebensformen dieser Gesellschaft wären "durchtränkt vom Geist der Ichhaftigkeit, des Individualismus, des Rangstreits und der Selbstsucht." Nur in den Arbeitsgemeinschaften, Kollektiven und sozialen Kombinaten der sozialistischen Bewegung würde dieses Gift ausgeschieden.

Arthur Rapps 1948er-Broschüre enthält sowohl eine Rebellion gegen die bürgerliche Welt als auch gegen den Individualismus der meisten Freiwirte. Sie stellt eine Aushöhlung der FREIHEIT fest, die als einst obersten Wert ihren Platz an die SICHERHEIT verloren habe, jedenfalls bei den Volksmassen. Da das Freiheitsbedürfnis keine revolutionäre Triebkraft mehr sei, müsse die NWO-Bewegung die Konsequenzen ziehen und sich umstellen. Ihre Werbung wäre noch auf die Terminologie der Zeit von 1891-1914 abgestellt. Gewiß: "Die Freiwirtschaftslehre hätte ohne jene geistige Atmosphäre, wie sie dem Liberalismus und Individualismus zugrunde liegt, überhaupt nicht entstehen können." Aber inzwischen ist das Zeitalter des Sozialismus angebrochen. An einem Höchstmaß persönlicher Freiheit sind nur noch kleine Kreise interessiert. Die Masse reagiert darauf allergisch.

Die Broschüre ist ein wichtiger Beitrag zur geistigen Neuorientierung, scheint aber auf die Führungsmannschaft der neuen FWB keinen Eindruck zu machen. Enttäuscht wendet sich Arthur Rapp der Freisozialen Union zu, die ihm als politische Partei vielversprechender erscheint. Er stellt sie der Öffentlichkeit als Partei der sozialen Gerechtigkeit vor, der bereits einige Stadträte, "namentlich aber Betriebsräte" angehören (dieser Hinweis ist natürlich für die Arbeiter bestimmt).

Schon die Freiwirtschaftsbünde der französischen Besatzungszone hatten sich im Januar 1950 als politische Partei konstituiert. Zu ihrem Vorsitzenden war kein anderer als Arthur Rapp gewählt worden. In der Freisozialen Union scheint das unbekannt zu sein. Sie betrachtet ihn als Überläufer vom Freiwirtschaftsbund. Er selbst wird sich nie um einen Posten bewerben. Zwar nimmt er an möglichst vielen Parteitagen teil, doch in der Position des kritischen Beobachters.

Arthur Rapp stellt auch in der Freisozialen Union eine Überbewertung der Freiheit fest. Sie müsse sich entscheiden, an welche Seite sie treten wolle - an die Seite der Gewerkschaften und Sozialdemokraten oder an die der bürgerlichen Parteien? Man könne nicht gleichzeitig gegen Sozialismus und Kapitalismus sein, selbst wenn man dafür das Schlagwort des DRITTEN WEGES erfinde.

Dessen Urheber ist Johannes **Schumann**, dem der FSU-Vorstand das Werbereferat übertragen hat. Er scheint auch die Geschäftsführung der Freisozialen Union zu dirigieren und ihre Presseerklärungen abzufassen. Als sich Professor **Noack** von der FSU trennt, in der er für ein Bündnis mit der SPD eingetreten ist, erklärt diese: "Das Zusammengehen mit der SPD würde die Preisgabe des freisozialen Wirtschaftsprogramms zur Voraussetzung haben, das das Fundament schlechthin ist, auf dem die FSU fußt. ... Die Ratschläge Prof. Noacks zu befolgen hätte für den Zentralvorstand bedeutet, die Freisoziale Union zu einer politisierenden Sekte zu machen und sie dann einer stärkeren politischen Organisation auszuliefern. Der Zentralvorstand baut dagegen auf die Stärke der freisozialen Idee und ist bemüht, diese als eine dynamische Kraft politisch wirksam zu machen ... Um der Wahrung des Ideengutes willen mußte er die von Noack geforderten Konzessionen verweigern."

Diese Presserklärung vom 12.6.1953 enthält auch eine Antwort auf die immer dringlicher werdenden Fragen Arthur Rapps, der dessen ungeachtet den Zentralvorstand weiterhin mit Eingaben und Korrekturvorschlägen bombardiert. Auf der Freisozialen Woche 1961 in Schweinfurt sagt er: es sei völlig illusorisch, an die allmähliche Gewinnung der Mehrheit im deutschen Bundestag zu glauben, worauf dann am Tag X die Freiwirtschaft praktisch eingeführt werden solle. "Der Tag X ist nach meiner Auffassung *der* Tag, an dem wir eine Konzeption für unsere Werbung gefunden haben, die zugkräftig genug ist, um unsere Ideen in die breiten Massen der Bevölkerung zu bringen." Dazu müsse man zunächst einmal anerkennen, was die Gewerkschaften auf sozialpolitischem Gebiet tun und schon erreicht haben. Man sollte sich auch mit den Aussichten sozialistischer Bewegungen bei rapide ansteigenden Kapitalerträgen und langsam steigenden Arbeitserträgen befassen.

### Der Konflikt Rapp - Schumann

In den politischen und sozialen Bewegungen setzen sich sachliche Differenzen teils in theoretische Dispute, teils in persönliche Zwistigkeiten um. Meinungsstreit und Rivalität sind offenbar notwendige Vehikel. Schon Immanuel Kant begriff: "Der Mensch will Eintracht, doch die Natur weiß es besser, was für seine Gattung gut ist - und lenkt sie auf den Weg der Zwietracht." Das gilt auch für die Parteien und Organisationen der NWO-Bewegung, nicht zuletzt für die Freisoziale Union (FSU). Ein eklatantes Beispiel ist die jahrzehntelange Rivalität zwischen Arthur Rapp und Hans Schumann. Sie scheint ganz persönlicher Natur zu sein. Dahinter steht jedoch ein durchaus sachliches Anliegen, das nur persönlich gefärbt ist.

Rapp wirft Schumann vor, "größte werbepsychologische Fehler gemacht" und dadurch einen "rapiden Rückgang der Bewegung" verursacht zu haben. Er sei zwar vielen Mitgliedern der FSU sympathisch. "Aber du behältst doch eine Ladenhilfe auch nicht nur ihrer schönen Augen wegen, wenn sie dir im übrigen die Kunden vergrault". Unter Schumanns Führung sei die FSU zum Mißerfolg verurteilt. Er verfüge zwar über eine unverwüstliche Arbeitskraft und habe zweifellos für die Freiwirtschaft viel getan. "Aber was nützt das alles bei einer so unrealistischen politischen Einstellung, die auf nichts weiter als blinder Aggressivität beruht. Er ist der Elefant im Porzellanladen und macht mit der linken Hand kaputt, was er mit der rechten aufgebaut hat."

Schumann wirft Rapp vor, ein Kritikaster zu sein, leere Wörter zu dreschen statt Flugblätter zu verteilen, die Arbeit des Münchner Kreisverbands der FSU zu blockieren und unentwegt gegen ihn zu wühlen, was auf eine krankhafte Anlage schließen lasse. Die Freisoziale Union befinde sich "80 m vor dem Ziel", weshalb es abstrus sei, ihr Erfolglosigkeit vorzuwerfen.

In Bayern verdankt sie gewisse Fortschritte aber gerade Arthur Rapp, der Kontakte zur SPD und den Gewerkschaften pflegt. Das kommt im Hamburger Zentralvorstand gar nicht an oder wird dort als falsch angesehen. Da Arthur Rapps Eingaben in den Papierkorb fliegen, bildet er in München einen oppositionellen Kreis und beginnt ab 1962 wieder Rundbriefe zu verschicken - zunächst an 50-60 FSU-Mitglieder, schließlich an 100-120.

Schumann gibt einige Gegen-Rundbriefe heraus, für die Mitglieder des Zentralvorstands der FSU, meist auf dessen Kopfbögen, wodurch sie eine partei-amtliche Note erhalten. Rapps Intimus und wichtigster Mitarbeiter ist der pensionierte Lehrer Heinrich **Meier**. Dieser hat in zwei Schriftsätzen ebenfalls eine neue Taktik der FSU empfohlen. Rapp schlägt ihn Salzmann als Referenten für den nächsten IFU-Kongreß vor. Professor **Ude** unterstützt diesen Antrag und schreibt dazu: "Wir sind durch die bisher in der Frei-wirtschaftsbewegung geübte starre, dogmatische Methode, wie wir die in ihren Grundsätzen unanfechtbaren Lehren von Silvio Gesell vertreten haben, auf einen völlig toten Punkt gekommen."

Im September 1967 kehrt Arthur in die Freisoziale Union zurück, um deren Reform wieder von innen her zu betreiben. In ihrem Namen wendet er sich gegen einen anderen Münchner Oppositionskreis um Paul **Kristof**, demzufol-ge der Zins zwar gesenkt, aber nicht abgeschafft werden kann. Gesell sei da einem Phantom nachgejagt. Das Bekenntnis zu ihm dürfe nicht länger eine Voraussetzung für die FSU-Mitgliedschaft sein.

Arthur Rapp protestiert in der Freisozialen Presse und prangert Kristof als Abweichler an. Er wolle die FSU dazu verführen, Abschied von Silvio Gesell zu nehmen, was sie ihrer Existenzberechtigung berauben und zum Untergang verurteilen würde.

### Die Denkschrift aus dem Jahre 1976

Arthur Rapp verfaßt noch einmal eine Denkschrift. Er will nicht immer nur der Schüler Silvio Gesells bleiben; dessen Begriff der "rostenden Banknoten" habe die Vorstellungen der gesamten NWO-Bewegung von einem nicht hortbaren Tauschmittel geprägt, aber gleichzeitig "den Blick auf diejenigen

Möglichkeiten verengt, die einen ausgesprochenen Schwundgeld-Charakter haben". Statt des Gesellschen Freigelds sollte man vielleicht besser die Geldverfassung der mittelalterlichen Brakteatenzeit übernehmen, wo unterwertige Münzen herausgegeben wurden, deren Materialwert geringer war als der Kurswert. Wie damals könnte ein Umtausch der "verrufenen" Münzen in neues Geld bei Abzug eines Schlagschatzes erfolgen, "allerdings mit wesentlicher unterschiedlicher Motivierung und Handhabung". Der Schlagschatz bei den Brakteaten funktionierte, obwohl das Geld keinen Hinweis auf Nennwerteinbußen enthielt. Neben dem Pfennig gab es den Schilling, also eine Doppelwährung. Rapp zieht folgende Bilanz:

"Um das Geldwesen so umzugestalten, daß es nur noch als reines Tauschmittel funktioniert, ist es nicht erforderlich, das Geldzeichen mit irgendwelchen behördlichen Hinweisen für deren Handhabung zu versehen."

Dies würde eine Geldreform nur erschweren, weil der Schwundsatz variabel und die Notenbankzentrale flexibel sein muß. Es sei bereits zweifelhaft, ob ein 5 %-Satz noch ausreicht. Wenn die Erfahrung dagegen spricht, könnten rasche und wirksame Korrekturen nötig sein. Gleiches gilt für die eventuell erforderliche Vorverlegung von Verfallstagen, "besonders im Anfangsstadium der Einführung, wo mit Störaktionen gerechnet werden muß".

Unter Beachtung dieser Gesichtspunkte bedürfte es eines besonderen "Freigeldes" überhaupt nicht. Die gerade zirkulierenden Banknoten könnten bestehen bleiben, was psychologisch von allergrößter Bedeutung ist. Denn ein großer Teil der Widerstände (Schon wieder etwas mit dem Geld?) würde nicht so aufgeheizt wie bei einer schockartigen, totalen Umstellung. Die gesamte Wirtschaft hätte also Zeit, würde es auch bald lernen, mit einem Geld umzugehen, das nach einem Jahr gegen neues eingetauscht werden muß bei Entrichtung eines gewissen Abzuges.

Anstelle der Bekanntgabe der erforderlichen Bestimmungen auf den Geldscheinen würden diese in geeigneter Form über die Massenmedien ... der Öffentlichkeit übermittelt werden.

"Ob die vorliegenden Techniken zur Umlaufsicherung des Geldes nach den bisherigen Ausführungen noch in Betracht gezogen werden müssen, ist eine Frage, die durchaus noch zu klären sich lohnt."

Arthur Rapp weist aber in der gleichen Denkschrift auf die Dringlichkeit der Geldreform hin - gegen jene Freiwirte, die meinen, man sollte sie nicht überstürzen. Auch dunkle Kräfte wollen den Geldumlauf "in den Griff" bekommen. "Es bestehen beim gegenwärtigen Stand der Dinge alle Voraussetzungen dafür, daß diese Konkurrenten mit ihren Vorhaben rascher zum Zuge kommen." Wenn die Freiwirtschaft ihren jetzt noch vorhandenen Vorsprung behalten und ausbauen wolle, dürfe sie nicht länger selbst die Argumente dafür liefern, als dilettantisch und weltfremd idealistisch überführt werden zu können. Was sie zur Technik des Umlaufzwangs vorschlage, entstamme vorwiegend der alten NWO-Bewegung (Marken-Klebegeld, Stempelgeld, Tabellengeld) und stimme nicht mehr mit den neuen Möglichkeiten überein.

Man hat Arthur Rapp mehrfach als Querulanten hingestellt, der eine geistig sterile Opposition betreibe. Diese Denkschrift aus dem Jahre 1976 beweist jedoch, wie klar er gewisse Schwächen des Gesellschen (wie des Blumenthalschen) Freigelds ins Auge faßt und sich um ihre Abstellung bemüht. Helmut Creutz legt bald darauf ähnliche Gedanken vor, die ein unvergleichlich größeres Echo finden. Er geht ebenfalls davon aus, daß ein besonderes Freigeld überflüssig sei und ein Wirtschaftsschock vermieden werden sollte, reflektiert aber nicht auf die Brakteatenzeit.

An der Denkschrift Arthur Rapps zeigt sich eine Kontinuität seines Denkens und Wirkens, die in den Begriff der angewandten Freiwirtschaftslehre faßbar ist. Was er erstmals 1931 in ein Manuskript gebannt, kehrt 1976 auf einer höheren Ebene wieder, doch abermals erfolglos.

### Politischer NWO-Gesprächskreis

Arthur Rapp tritt wieder aus der Freisozialen Union aus. Es ist offenbar eine Zeitverschwendung, weiterhin Tagungen zu besuchen und den Zentralvorstand beeinflussen zu wollen. Nun muß ein anderes Mittel gefunden, vielleicht auch eine andere Organisation gebildet werden, um die Sache Gesells zu retten und ins Volk zu tragen.

In schlaflosen Nächten entschließt sich Arthur Rapp zur Neugründung des Freiwirtschaftsbundes FFF, der in der Weimarer Republik recht aktiv war und dessen Erklärungen auch Beachtung bei Regierungsstellen fanden.

Das Echo auf seinen Plan ist gedämpft. Es gelingt ihm aber, den alten FWB wenigstens in München neu zu gründen, wofür er 20-30 Altgesellianer und einige jüngere Leute gewinnt, denen die Freisoziale Union flügellahm vorkommt. Die Neugründung des Freiwirtschaftsbundes in der bayrischen Hauptstadt ist der Höhepunkt des politischen Wirkens von Arthur Rapp. Er holt wieder - wie einst in Schwenningen - möglichst namhafte Referenten heran, so den Korvettenkapitän a.D. Wilhelm **Merks**, der dem Bundesvorstand des früheren FWB angehörte. Er findet zwar nur ein paar Dutzend, aber sehr aufmerksame Hörer in München und hofft auf eine lebhafte Diskussion. Sie wäre wohl auch zustandegekommen, hätte Arthur Rapp ihren Ansatz nicht durch überlange Ausführungen über seine Sicht der Dinge erstickt. Merks lehnt es daraufhin ab, weitere Vorträge zu halten. Er wirft Rapp vor, die Aussprache autoritär geführt und ihm nicht einmal die Fragenbeantwortung überlassen zu haben. "Der Versammlungsleiter hat seit parlamentarischem Brauch den Fortgang der Aussprache zu leiten, nicht aber selbst zu bestreiten."

Arthur Rapp macht sich auch bei anderen Referenten unbeliebt. Nach einer Reihe öffentlicher Versammlungen fällt ein großer Teil der mühsam gewonnenen Mitglieder von ihm ab. Der neugegründete Freiwirtschaftsbund nach 1-2 Jahren wieder ein. Das Experiment ist mißlungen. In die Vergangenheit kann man nicht bauen, nur in die Zukunft.

Der erste Gesprächsabend vom 25.1.1979 hat auf Rapps Wunsch die Frage erörtert, "wie die Werbung für die NWO-Lehre erfolgreicher gestaltet werden könne". Er lief darauf hinaus, daß sich die Freiwirtschaft einen "großen Bruder" verschaffen müsse - die Bundesgenossenschaft der SPD - wenn sie in Deutschland verwirklicht werden wolle. Rapp ist und bleibt ein freiwirtschaftlicher Sozialist. Für ihn tut die FSU dem Kapitalismus nicht weh.

Selbst wenn sie an die Macht käme, würde sie nur ein wenig an ihm herumkratzen.

Der Parteivorstand fühlt sich von Rapp beleidigt, demzufolge die Befähigung, NWO-Wissen assimilieren zu können, offenbar im Gegensatz zu politischen Fähigkeiten steht. Es gebe viele Parteifreunde, "die mir sehr zustimmen, denen es aber an den nötigen Kenntnissen fehlt, um konsequent zu sein".

## Der Einzelkämpfer

Fast täglich schreibt Arthur Rapp 3-5 Briefe, um die Gesellsche Sache voranzutreiben, auch in die Schweiz. Heinz Grischweiler antwortet, in den grundlegenden Fragen fehle tatsächlich noch eine klare Marschrichtung. Ihm stoße es aber auf, "wenn eifrigste Freiwirtschaftler das Paradies auf Erden beschwören für den Fall, daß die Menschheit sich dazu bequemen könnte, ihre zwei, drei genialen Kunstgriffe in der Währungspolitik in die Tat umzusetzen". Eine neue Strategie könne nicht auf den großen Tagungen entwickelt werden. Besser wäre eine seriöse Vorarbeit in kleinen Arbeitsgruppen.

Arthur greift diesen Gedanken sogleich auf. Allerdings wünscht er eine solche Arbeitsgruppe "auf höchster Ebene", vermutlich eine Art Schattenkabinett gegenüber dem Zentralvorstand der FSU. Er schickt Einladungen an Dr. Ernst Winkler, Franz Laxy, Peter Hodina und andere Persönlichkeiten - sogar an Paul Kristof - sich zu einer konstituierenden Sitzung einzufinden. Aber anscheinend sagen die meisten ab.

Wolfgang Triebler weist im Namen der FSU darauf hin, daß Rapp auf ihrem Parteitag von 1973 in Vlotho einen Arbeitskreis "Strategie und Taktik" gefordert und bekommen habe, damit jedoch nichts anzufangen wußte - 1975 lag noch immer kein Ergebnis vor. Warum bewarb er sich nie um ein hohes Parteiamt, auf dem er es hätte besser machen können als die von ihm Kritisierten?

Arthur antwortet, er betrachte sich als "freier Mitarbeiter". Nur so sei er unabhängig genug, kritische und zugleich uneigennützige Vorschläge auszuarbeiten. Im März 1983 sieht er die Freiwirtschaft "im tiefen Tal der Hoffnungslosigkeit, mit einem Lichtblick in Richtung Wörgl". Vielleicht werde es Professor **Suhr** noch schaffen, ihr auf einem Kongreß in Wörgl zu neuem Ansehen zu verhelfen. Er selbst schlägt die Behandlung des Themas Arbeitslosigkeit vor.

Zum 50. Todestag Silvio Gesells gibt Rapp zusammen mit Prof. Binn für die "Überlebenden" in der SÜDDEUTSCHEN ZEITUNG eine schwarz umrandete, auf Beileid bedachte Anzeige auf (die mindestens 500 DM gekostet haben dürfte). Solche "Todesanzeigen" erscheinen auch in einigen anderen Blättern. Gedenkartikel können in ihnen nicht veröffentlich werden. Deshalb wird dieser Ausweg beschritten.

Als 1983 eine Sonderausgabe der Anarcho-Zeitung "883" mit der Schlagzeile GESELL - MARX DER ANARCHISTEN? erscheint, bestellt Arthur sogleich 30 Stück und verteilt sie ringsum. Anscheinend bekehrt sich die Jugend zur Sache Gesells. Er selbst hat noch vor, eine Geschichte der Freiwirtschaft zu schreiben und entwirft dafür ein Konzept.

Hans Schumann hält es für nötig, eine Erklärung in Umlauf zu setzen: "Seit Jahren verfolgt mich ein Herr Rapp aus München mit seinem Haß ... Er hetzte genauso gegen die 'Vorstandschaft', als Richard Batz 1. Vorsitzender war. Er selbst hält sich für einen hervorragenden 'Experten für Strategie und Taktik' ... In München ist die FSU seitdem lahmgelegt. Mitglieder blieben weg, weil sie Rapps ständige Hetze nicht mehr hören wollten. Ein Parteifreund meinte, Rapp sei krank ..." (Der letzte Satz ist besonders aufschlußreich.)

Alle Mitglieder des Zentralvorstands der FSU erhalten von Schumann noch eine interne Information: Arthur Rapp sei der Geist, der stets verneint. Er habe weder an der Tagung in Wörgl teilgenommen, "wo Dr. Keßler und ich den größten Beifall erhielten", noch jemals Flugblätter verteilt, dafür aber seit langem jede Aktivität der FSU in München sabotiert.

Rapp befürchtet, daß die jahrzehntelange Berieselung der FSU-Mitglieder mit politischer Desinformation ihre Kritikfähigkeit fast ausgelöscht hat. Er läßt die Hoffnung auf eine innere Reform der Freisozialen Union fahren. Seine Augen schwenken um auf die Sozialwissenschaftliche Gesellschaft, das wissenschaftliche Instrument der NWO-Bewegung. Wenn ihr frische Kräfte zugeführt werden, läßt sich vielleicht doch noch ein Durchbruch der Freiwirtschaft erreichen.

Die "frischen Kräfte" - das sind Peter Hodina und Franz Laxy, vielleicht auch Günter Bartsch. Rapp tut, was er kann, um sie in den Dienst der Freiwirtschaft und seiner Durchbruchspläne zu spannen. Am besten verstanden fühlt er sich von dem österreichischen Intellektuellen Peter **Hodina**. "Ich habe immer darauf gehofft, daß sich eines Tages so ein Junior-Partner einfinden müsse ... Mein Wunsch wäre es, daß Sie sich speziell mit der Frage beschäftigen, wie die NWO-Bewegung zu aktivieren sei. ... Welche Fähigkeit, Wirkung zu erzielen, ist bei uns am wenigsten entwickelt und muß grundlegend aufgebaut werden? Ohne die Einleitung eines solchen Prozesses sehe ich keine Möglichkeit, eine Breitenwirkung zu erzielen. Die Sozialwissenschaftliche Gesellschaft wird es nicht schaffen, wenn sie sich nur damit befaßt, in der Wissenschaft Mitkämpfer zu werben." Die Freiwirtschaft werde sich erst dann durchsetzen, "wenn wir uns als (wohlverstandener) Bestandteil der großen sozialistischen Bewegung betrachten und es verstehen, dort Fuß zu fassen".

Arthur Rapp bringt es fertig, für Peter Hodina einen Vortrag auf dem nächsten Plenum der Sozialwissenschaftlichen Gesellschaft zu vermitteln. Seine intellektuelle Brillanz fasziniert. Aber plötzlich ist er verschwunden, ohne eine Spur zu hinterlassen. Wieder bricht für Arthur Rapp eine Hoffnung zusammen.

Bei Franz Laxy scheint es, daß er "hängen bleibt". Doch statt sich unter das Joch der Freiwirtschaft zu beugen und ihr seine flinke Feder zur Verfügung zu stellen, beginnt er delikaten Fragen des Privatlebens von Silvio Gesell nachzuspüren. Gewiß, der Meister war kein Engel, aber es gibt doch wohl anderes zu tun. Laxy sollte sich lieber mit dem "Gesetz des Minimums" befassen.

Es ist erstaunlich, noch als 85jähriger durchdenkt Arthur Rapp wissenschaftliche Probleme. Er überlegt beispielsweise, ob das von der Agrarwissenschaft entdeckte Gesetz des Minimums, wonach die Ertragsfähigkeit des Bodens von dem am wenigsten vorhandenen Mineral abhängt, auch das Wachstum menschlicher und gesellschaftlicher Organismen bestimmt. Ihm ist die freiwirtschaftliche Bewegung ein "unvollkommen konzeptierter" gesellschaftlicher Organismus mit Wachstumsschwierigkeiten, die bei klarer Einsicht vielleicht noch überwindbar sind. Er interessiert sich für viele Fragen, doch alle Erkenntnisse werden dem Nutzen der Freiwirtschaft unterworfen.

Arthur glaubt noch immer an ein sozialistisches Jahrhundert, ohne im geringsten mit dem Kommunismus zu sympathisieren. Er ist der Ansicht, daß es allmählich zu einer Umschichtung der Vermögen kommen wird:

"Die großen Vermögen werden 'ausgezehrt' zugunsten vieler mittlerer und kleiner Vermögen - die aber auch angelegt werden, sehr wahrscheinlich in der Form von Genossenschaftsanteilen an Unternehmen, in denen man beschäftigt ist. Großaktionäre kann es und wird es nicht mehr geben. Übereinstimmend wäre es, wenn sich syndikalistische Unternehmensformen durchsetzen. Es ist meine feste Überzeugung und ergibt sich auch logisch bzw. konsequent aus den Reformen, die wir durchführen werden" (so am 8.12.1986).

### Ein Anarcho-Sozialist?

Kehren wir noch einmal in die Zeit von 1945-55 zurück. Was sich damals unter dem Begriff des "freiheitlichen Sozialismus" zwischen SPD und KPD regt, ist schwach und unbeholfen, auch geistig verworren. Dem möchte Arthur Rapp abhelfen. Um 1947 verfaßt er ein MAHNWORT AN ALLE SOZIALISTEN. Es beginnt wie folgt: "Die Entwicklung der sozialistisch ausgerichteten Bestrebungen in Deutschland muß alle, die an einer echten Verbesserung der gesellschaftlichen und wirtschaftlichen Verhältnisse interessiert sind, mit tiefstem Erschrecken, ja sogar mit Entsetzen erfüllen." Den breiten Massen und ihren Führern sei das Gefühl für die katastrophale Lage verlorengegangen, "in der wir uns befinden und der wir noch weiter entgegentreiben". Die alte sozialistische Bewegung habe die Probe auf den Ernstfall nicht bestanden. heute sei sie ratloser als jemals zuvor. "Die Triebkräfte im Volke, die auf eine sozialpolitische Erhebung hindrängen, haben keine klare Zielsetzung mehr." Diese könne erst durch die Freiwirtschaftslehre in sie hineinkommen. (So hat schon sein Schwiegervater Georg Blumenthal gedacht.)

Arthur Rapp fühlt sich dafür hauptverantwortlich. Er ist ergriffen von einem aufklärerischen Impuls. Für die kleine Zeitschrift der Föderation Freiheitlicher Sozialisten UNSERE STIMME schreibt er einen Aufsatz über das Geldwesen, um wenigstens die Anarchisten und neuen Anarcho-Syndikalisten mit der Freiwirtschaftslehre Silvio Gesells zu durchdringen. Wer anders soll das tun, da auch den meisten Freiwirten eine klare Einsicht in die Bedürfnisse der unteren Volksschichten fehlt?

Aber hat Silvio Gesell nicht geschrieben, die Rechte der Einzelnen sollten erweitert, die der Massen müßten eingeschränkt werden? Laut Arthur Rapp geht es den Massen nicht um mehr Rechte, vielmehr um die Sicherung ihrer Existenz. Diese Ansicht vertritt er auch unter den Anarcho-Syndikalisten, die sich in München um Augustin Souchy gesammelt haben.

Als ich 1970/71 mein Buch ANARCHISMUS IN DEUTSCHLAND vorbereite, stoße ich in den dafür gesammelten Materialien auf den Namen Arthur Rapp. Er scheint zwar kein Staatsverneiner zu sein, hat jedoch an einer anarchistischen Konferenz teilgenommen und dort unter Berufung auf Silvio Gesell einen freiwirtschaftlichen Sozialismus vertreten.

Arthur Rapp kauft mein Buch. Er findet darin sich selber mehrfach erwähnt. Bald darauf fragt er an, ob mir sein Besuch angenehm wäre. Womöglich wisse ich noch nicht genug über Silvio Gesell und die Freiwirtschaft. (Der kühle Ton, in dem ich über sie geschrieben, hat ihn ein wenig gereizt.)

Er kommt im September 1973 mit seiner Frau Maria. Zuvor haben sie den FSU-Parteitag in Vlotho besucht. Arthur Rapp ist recht enttäuscht darüber, daß der Parteitag weder auf seine Kurskorrektur-Vorschläge noch auf mein Buch eingegangen ist. Er gibt mir eine halbstündige Einführung in die Geschichte der Freiwirtschaft, angefangen bei Georg Blumenthal, bis zur "Herrenclique" des Rolandbundes. Also so konträre Auffassungen gab es in der NWO-Bewegung! "Und wie steht es heute damit?"

Da will mich Rapp nicht hinter die Kulissen gucken lassen. Möchte er doch den Eindruck erwecken, die Freiwirtschaft sei eine glänzende Sache und meine Zuwendung wert.

Arthur Rapp ist mittelgroß und untersetzt. Bei rundlicher Kopfform hat er feste Züge, auch auffallend große, fast schlappartige Ohren. Das dünne weiße Haar ist nach hinten gekämmt. Greisenhaft wirkt nur die zittrige Stimme, sonst sehe ich einen rüstigen Mann, der die Last seiner sieben Jahrzehnte geduldig zu tragen scheint. Sein Gesicht ist festgelegt, aber nicht verhärtet. Ein Anflug von Güte schimmert durch.

Er weist auf seine große Stirner-Sammlung hin. Nicht erst Mackay, auch die Freiwirtschaft habe Stirner weitergedacht. "Sie bewahrte sein Vermächtnis und rettete es über den Zweiten Weltkrieg." So, so, davon habe ich noch nichts gemerkt.

"Sind Sie ein Anarchist?" Arthur Rapp lächelt. Er sei ein Vertreter des sozialistischen Flügels der freiwirtschaftlichen Bewegung. "Aber freiheitlich sind unsere Leute alle in Richtung Anarchismus." Auch er glaubt daran, daß der Staat eines Tages verschwinden wird, sieht dieser Zeit aber mit gemischten Gefühlen entgegen. Die meisten Leute wollen gar nicht so viel Freiheit. Schon heute sind sie damit überfüttert.

Ich soll Gesells "Robinsonade" lesen, da würden mir die Augen aufgehen. Seit Jahren habe ich keinen so hartnäckigen Gesprächspartner gehabt. Doch er ist mir sympathisch.

*Meine Informationslücke füllen*

Nach dem Besuch schickt mir Arthur Rapp eine Reihe freiwirtschaftlicher

Bücher und Broschüren, die ich aufmerksam studieren soll, um meine Informationslücke zu schließen. Gegebenenfalls will er mir weitere besorgen, sogar kostenlos (d.h. auf seine Kosten).

Er selbst hat den Eindruck, es könne jetzt mit der Gesellschen Sache aufwärts gehen. Allerdings: "Schumann tut alles, um eine Anlehnung an die sozialistische Bewegung zu blockieren." Die Freisoziale Union lehne noch ein Auf**rapp**eln ab. Sie müsse "eine neue Spitze bekommen". So werde ich wider Willen mit Internas bekanntgemacht.

Der erfolgreichste Mann, den es in der Freiwirtschaft je gegeben, sei Werner **Schmid**, nicht Otto Lautenbach, den Dr. Winkler fälschlich zum Dreh- und Angelpunkt der Gesellschen Bewegung aufgeplustert.

Im Juli 1974 ist ein Gegenbesuch in München möglich. Als erstes fällt mir in der Rappschen Wohnung eine Gesell-Büste auf, etwa da, wo früher in den katholischen Wohnungen eine Marienstatue zu stehen pflegte. Auch Arthur Rapp ist in gewisser Hinsicht gläubig. Er bekennt ein "unterschwelliges Interesse an den vergessenen Göttern".

Ich soll der Gesellschen Lehre zur offiziellen Anerkennung verhelfen. Ein "so gebildeter Mensch" könne unmöglich übersehen, daß sie exakt wissenschaftlich begründet und unwiderlegbar sei.

Die hochgespannten Erwartungen werden durch meine Porträts von Karl Polenske und Georg Blumenthal geknickt. Es wäre besser gewesen, sie erst einem Kenner der Materie vorzulegen. "Er hätte den darin enthaltenen Pferdefuß gewiß nicht übersehen und vor der Veröffentlichung ausgemerzt." (Vor meinem inneren Auge erscheint der Rotstift des Zensors.) Ich sei zwar der geeigneteste Mann, die Geschichte der Freiwirtschaft zu schreiben, aber nun bezweifle er doch, ob mir das anvertraut werden dürfe. Wohl oder übel müsse er alle "zuständigen Stellen" darüber informieren, daß ich gegenüber Gesell und der Freiwirtschaft kritisch eingestellt wäre. Ein Schriftsteller mit so verführerischem Stil könne viel Verwirrung stiften.

Im Laufe des Briefwechsels werden wir beide toleranter, kommen uns auch persönlich näher und gehen zum Du über. Arthur bedauert meine Abwendung von der Politik, liest aber meine ökosophischen SAMENKÖRNER; ich leihe mir von ihm weitere Schriften und Protokolle aus. Er ist offen für geistige Anregungen.

Im August 1978 schreibe ich ihm: "Während Dein Versuch, der freiwirtschaftlichen Bewegung eine sozialistische Richtung zu geben, eher in die Vergangenheit zurückführt, würde eine Lebensreformströmung ihre Adern wirklich mit neuem Blut füllen können."

Er antwortet: "Dein Interesse für natürliche Ernährungsweise usw. ist mir sehr sympathisch. Mit diesen Problemen habe ich mich schon sehr früh befaßt. In den 20er Jahren wurden viele Lebensreformer zu Freiwirtschaftlern. Den Elan von damals sollte man heute wieder wecken können. Neuerdings nimmt die Sache politische Ausmaße an. Man konnte es vorhersehen. Die FSU allerdings nicht - obwohl wir hier in München schon 1969 mit Umweltschutzparolen gearbeitet haben. Eine Ausdehnung auf natürliche Lebensweise, insbesondere Ernährung und allem, was dazugehört, gäbe eine besondere Note. Das würde ich unbedingt befürworten."

Er schreibt mir wie ein Römer: "Arthur Rapp an Günter Bartsch." Wir korrespondieren immer wieder über Einzelheiten der NWO-Geschichte. Er hat darüber unglaublich viel Wissen gespeichert, sowohl im Kopf als auch in seinem Privat-Archiv. Sein Anliegen ist die Aufarbeitung der "Timmschen Hinterlassenschaft". Hans Timm hat ihm zufolge 1924 die NWO-Bewegung gespalten. Seine staatsfeindliche Haltung, die viele Gesellianer angesteckt habe und untergründig weiterwuchere, müsse endlich überwunden werden, damit ein Bündnis mit der SPD zustandekommen könnte. Allerdings befürchte er: "Die Gesellianer sind für politische Betätigung verdorben, beinahe möchte ich sagen: unrettbar. Gerade vor einigen Tagen hat mich einer angerufen, um mir zu sagen, daß man es (wieder) mit Max Stirner versuchen sollte!" (So am 13.2.1979).

Arthur Rapp ist ein ausgesprochener Bewegungsmensch: keiner speziellen Organisation, sondern der Freiwirtschaft insgesamt verpflichtet - in Deutschland womöglich auch ihr soziales Gewissen. Manche Freiwirte mögen ihm seine Ein- und Austritte verübeln, ich sehe sie unter einem höheren Gesetz gerechtfertigt. Obwohl Arthur auf den ersten Blick ein Traditionalist zu sein scheint, schwimmt er gegen den Strom der geistigen Trägheit an. Ihm ist klargeworden, daß auch Gesells Aussagen sehr verschieden auslegbar sind, weshalb man sich am besten auf das Selbstdenken verläßt. Heute, sagt er mir, gibt es statt der früheren freiwirtschaftlichen Bewegung eine freisoziale, aber ihr haften dieselben Torheiten und außerdem noch geistige Rückstände an, weil sie sich nie um eine Aufarbeitung der fatalen Hinterlassenschaft bemüht hat, dafür lieber nach rechts geschwenkt sei, weil das bequemer war.

Arthur Rapp nennt sich einen auf bessere materielle Verhältnisse zielenden Weltverbesserer. Poesie und Malerei gehören seines Erachtens in die Privatsphäre. Demgegenüber sollen die öffentlichen Angelegenheiten nach den Regeln gestaltet werden, "die sich aus den Erfahrungen der phänomenalen Erscheinungswelt ergeben". Dahinter steht jedoch die Ansicht, daß sich Gesells NWO mit diesen Erfahrungen decke. Eben darin liegt ein ideologischer Maßstab.

Herder ist für Arthur ein "Philosoph", der von der Freiwirtschaft anstelle Stirners hätte aufgegriffen werden sollen, weil er mit Gesell eher vereinbar war. Er bittet mich, ihm mehr über Herder und seine Einstellung zum Staat mitzuteilen.

Durch die Freisoziale Union, schreibt er mir ein andermal, werde all das zerstört, was ihm über 50 Jahre sein wichtigster Lebensinhalt gewesen. Diese Gesellianer "warten darauf, daß ihnen die gebratenen Tauben in den Mund fliegen." Sie träumen vom Schlaraffenland, ohne einen Finger zu rühren. Der typische Freiwirtschaftler sei ein solcher Individualist, daß er sich weder im privaten noch im öffentlichen Leben kooperativ verhalten könne, was ihn auch für politische Betätigung ungeeignet mache.

Arthur Rapp kennt Goethes Faust, das Buch Hiob und Nietzsches Zarathustra - aus allen dreien kann er frei rezitieren. Auch sonst ist er sehr belesen, nur immer in Eile, als könnte er etwas verpassen. Selbst die Zitate flattern.

Wir sind uns in vielerlei Hinsicht einig, nur nicht über die Freiwirtschaft. Nun brauche ich aber gerade von ihm für meine Geschichte der NWO-Bewegung einige Unterlagen, die es außer in seinem Privatarchiv nirgendwo gibt. Als ich deshalb im Mai 1989 extra nach München komme, verweigert er ihre leihweise Überlassung - mit dem Argument, sie gerade selber für die Niederschrift von Erinnerungen nötig zu haben.

Ergebnislos muß ich wieder zum Bahnhof. Aber Arthur Rapp bringt mich noch zur Straßenbahn, er fährt sogar eine Strecke mit, um für den richtigen Anschluß zu sorgen. Eben hatten wir noch einen recht scharfen Disput, nun blüht mir sein Gesicht noch einmal friedlich und liebevoll entgegen.

Wir sollten uns nicht wiedersehen. In der Straßenbahn, kurz vor dem letzten Wort und Blick, sind wir uns endlich begegnet. Vorher war es nicht möglich, weil mich Arthur immer für die Freiwirtschaft gewinnen wollte. Dieser Zweck schob sich wie eine trennende Wand zwischen uns. Er vereitelte eine echte Begegnung. Sie setzt Zweckfreiheit voraus. Jeder muß den anderen als Selbstzweck anerkennen und ihm einen ganz eigenen Weg zugestehen. Aber schließlich hat er das auch getan und die menschliche Beziehung über die sachliche gestellt. Was am Anfang hätte stehen sollen, ward uns doch noch gegeben. So schloß sich der Kreis.

Ich sehe Arthur Rapp noch erstaunlich leicht in die Straßenbahn steigen. Was verhalf ihm zu dieser Behendigkeit? Vielleicht der Glaube an die Sache Gesells. Sie war ihm ein unaufhaltsamer Lebensstrom, der durch ihn selber hindurchging. Wenn er darüber sprach, verjüngte sich sein Gesicht. Obwohl Arthur Rapp nie ein Schwärmer gewesen zu sein scheint, flößte ihm diese Glaubensgewißheit immer wieder neue Kraft und Zuversicht ein. Sie trug ihn über alle Fährnisse und Widerwärtigkeiten des eigenen Daseins hinweg. Er hatte der Gesellschen Sache sein ganzes Leben geweiht und scheint sich noch am letzten Abend gefragt zu haben, was er am nächsten Tage für sie tun könne.

Am 19. April 1990, während des Frühstücks mit seiner Frau Maria, ging er hinüber in den Tod wie in ein anderes Zimmer.

Das Geheimnis der Persönlichkeit

Versuch eines Porträts von

# Maria Magdalena
# Rapp-Blumenthal

von
Günter Bartsch

## Der Einschnitt

Ihre Kindheit steht im Schatten eines tiefen Konflikts zwischen den Eltern. Er bringt Marias jungem Lebenskern einen Einschnitt bei, der nie ganz vernarben wird. Ihre Tränen, von dem Schatten aufgesogen, machen ihn noch schwerer und bedrückender. Das Urvertrauen ist zerstört.

Aus dem Einschnitt stammt die verhaltene Schwermut, eine gewisse Resignation dem Leben gegenüber, jene Schwere, die das Gegengewicht, den Auftrieb von Rilkes Dichtung brauchte, um ertragen werden zu können.

Ich habe Maria Rapp von ihrem Vater immer nur distanziert sprechen hören. Gegenüber Silvio Gesell war sie viel großzügiger. Er schien ihr der wahre Vater und zugleich ein Sagenheld zu sein, den sie grenzenlos verehren und bewundern konnte. Kein Abbild des göttlichen Wesens, sondern der gelungenste Mensch. Er wird sie sicher niemals enttäuschen. Aus seiner starken Kraft neigt er sich zu ihrer Schwachheit nieder.

## Die Grunderlebnisse

Silvio Gesell kommt so oft er kann von Berlin auf den pommerschen Bauernhof, wo die drei Schwestern mit ihrer Mutter Jenny wohnen. Außer Maria sind das Hanna und Lotti. Sie begreift recht schnell, daß er die ganze Menschheit "vom Fluch des Zinses befreien" will. Vielleicht kann sie dem großen Mann dieses oder jenes zurechtlegen, womöglich auch etwas Gutes kochen, wann immer er nach Neu-Milzow kommt. Oder sie putzt das Haus blank. Wenn er sich darüber freut, hüpft ihr Herz.

Marias Ziel ist, zur Vertrauten Silvio Gesells in ganz persönlichen Dingen zu werden. Als er nach dem Freispruch in München unerwartet vor der Tür steht, sperrt sie ihn versehentlich aus. Der so Pressierte, der um Marias Katzenliebe weiß, stimmt ein klägliches "Miau, Miau" an. "Tiefzerknirscht, aber überglücklich öffnete ich die Tür." Sie stürzt in seine ausgebreiteten Arme. Gesells Gemüt ist von der Haft und Todesdrohung noch verdüstert.

Maria versucht mit mädchenhaftem Eifer, ihn ein wenig aufzuheitern: "Komm, ich will dir etwas zeigen!" Sie führt Gesell zu einem Blumenbeet, wo sie Zynien angepflanzt hat, deren Blüten in der untergehenden Abendsonne farbenreich leuchten. Gesell ist erschüttert und schweigt vor sich hin. Seine verschatteten Gesichtszüge hellen sich auf. Die Versteinerung weicht einem Ausdruck völliger Gelöstheit. Maria ist selig. Sie hat Silvio Gesell in dieser Stunde mehr als jeder andere Mensch geben können, gerade das, was er am meisten brauchte.

In der Nähe des Dorfes liegt ein Moor. Sie läuft da meist barfuß herum, um die warme Erde und die kleinen Pflanzen durch ihre Fußsohlen zu spüren. "Kommst du einmal mit? Dort habe ich ein Geheimnis!" Auch Gesell zieht sich Schuhe und Strümpfe aus. Sie werden in einem Gebüsch versteckt. Maria läuft auf einem gewundenen Pfad voraus. Unterwegs stimmt sie ein Lied von Löns an. Gesell blickt sich im Heidemoor um:

"Wo ist denn dein Geheimnis?"
"Du stehst ja dicht davor!"

Es ist ein kleiner Heckenrosenstrauch, der nur für sie zu blühen scheint. Sie kann mit ihm sprechen, in dieser Zwiesprache selber erblühend. Nun zitiert sie das Rosenstrauchgedicht von Rilke:

> Wie steht er da vor den Verdunkelungen
> des Regenabends jung und rein
> in seinen Ranken schenkend ausgeschwungen
> und doch versunken in sein Rose-Sein ...

Silvio Gesell scheint ergriffen zu sein. Maria spricht: "Nimm ein Gänseblümchen, eine weiße Narzisse oder eine andere Blume. Ist es nicht, als sagte jede von ihnen: Oh sieh mich steh'n, erkenne mich! Und erst die Persönlichkeiten der Bäume ..."

Gesell lauscht diesem Mädchen wie einer weisen Frau. Schließlich sagt er: "Diese Stunde hat mich Wundern nahegebracht und wird mir unvergeßlich bleiben."

Still gehen sie zurück, in ihrer Innigkeit eins, wie Vater und Tochter.

Andererseits ist Maria die häuslichste und bäuerlichste der drei Schwestern. Täglich melkt sie die Kühe. Auch der Hausputz liegt ihr, noch mehr die Gärtnerei. Doch am meisten liebt sie die freie Natur. Kein Wunder, daß sie zu einem Wandervogel wird und die beiden Schwestern mit hinauszieht. Aber nur Maria kann zu den Bäumen sprechen. Ihre Feinfühligkeit grenzt an Hellsichtigkeit.

Es folgt der Umzug nach Rehbrücke, wo Gesell zwei Häuser gekauft hat. Maria geht möglichst oft hinüber in seinen Garten, der von Sträuchern abgeschirmt wird. Als im Frühling die Knospen aufbrechen, ist ein süßer Duft in den Lüften, von einer Rosenhecke gestiftet. Maria schnuppert ihn. Davor sitzt Silvio Gesell auf einer Bank und lädt sie zum Verweilen ein. Nach einiger Zeit sagt sie seufzend: "Ach, ich möchte in einem Bett aus Rosenblättern schlafen."

Worauf Gesell scherzt: "Und ich möchte in jedes deiner Haare eine Perle hängen!"

Es ist, als spräche ein Dichterpaar miteinander.

Als 20-jährige ist Maria ein engelhaftes Wesen mit träumend verschleierten Augen, aber einem eigensinnigen Zug um den Mund.

Die Mutter findet ein Geschäft in Berlin-Friedenau, das sie übernehmen kann. Die Tage der Rosen sind gezählt. An ihre Stelle tritt der prosaische Alltag in einem Geschäft, worin Damenhüte verkauft werden. Doch Maria legt vor dem Haus sogleich wieder ein Blumenbeet an. Eines Abends will sie mit den Schwestern ins Kino, sieht jedoch, das Kätzchen ist krank. Flugs zieht sie ihren Mantel wieder aus, um es zu pflegen.

In Berlin-Friedenau hat Maria große Bedeutung für den Erhalt der Familie. Muß die Mutter zu Lieferanten in die Stadt gehen, füllt sie ihren Platz im Geschäft aus. Sie übernimmt auch die meiste Arbeit im Haushalt. Wäre Maria ihre eigenen Wege gegangen, wären das Geschäft und der Haushalt gefährdet gewesen. Auch hätte ihr Bruder Hans-Joachim wahrscheinlich aus dem Internat herausgenommen werden müssen. Die Familie wäre wirtschaftlich zusammengebrochen. Hanna zieht mit 22 Jahren zu ihrer Freundin Anna-Maria, Lotti geht für längere Zeit nach Rumänien und schließt sich dort vorübergehend einer Zigeunergruppe an. Auch Maria fühlt sich hinausgezogen, auch sie hat nach wie vor den Wandervogeldrang. Sie unterdrückt jedoch ihre romantische Wesensart der Mutter und Familie wegen. In allen drei Blumenthaltöchtern kreist unruhiges Künstlerblut. Bei jeder schlägt es anders aus. Maria zwingt es durch nüchterne Arbeit für die Familie nieder. Sie nimmt sich am ehesten und meisten in Zucht, erzieht sich selber zur täglichen Pflichterfüllung. Doch der damit verbundene Lebensverzicht gräbt eine Spur von Bitterkeit in ihre Mundwinkel ein. Fortan hat sie das Gefühl, an ihrem eigenen Leben vorbeizugehen, während die Schwestern das ihre bereits in vollen Zügen genießen. Auch die Eheschließung mit Arthur Rapp wird der Familie wegen lange hinausgeschoben. Selbst danach setzt Maria ihre Mitarbeit im Geschäft fort.

Sie wagt aber doch einen Ausbruchsversuch, um ihre Neigung mit einem entsprechenden Beruf zu verbinden. Im Fürstengarten zu Lauenburg an der Elbe tritt sie eine Lehre als Gärtnerin an. Hier kann sie den ganzen Tag mit ihren geliebten Blumen zusammen sein und diese pflegen. Doch ihre Mutter, der Maria für Geschäft und Haushalt unentbehrlich ist, ruft sie wieder nach Berlin zurück. Unter Tränen verläßt sie den Fürstengarten, in dem sie jeden Tag sich selber gefunden, als wäre er die Heimstätte ihrer tiefsten Sehnsucht. Auf jeden Fall war er ein Spiegel und ein Born ihres Wesens.

Maria ist im Unterschied zu ihren Schwestern ein aristokratischer Typ. Bei einer Fürstin zu sein war für sie wie bei ihresgleichen zu sein. In ihr Bewußtsein hat sich unauslöschlich eingeprägt, daß ihr Vater der uneheliche Sohn eines hochgestellten Aristokraten war, vermutlich eines Grafen, eines vornehmen Adligen mit blauem Blut und großer Familientradition, der sicher auf einem Schloß gewohnt hatte. Dementsprechend strebt Maria stets ins Höhere, über die engen Grenzen ihres Daseins hinaus, durch die sie sich erniedrigt fühlt. Manchmal wird sie zu Arthur mißbilligend und etwas hochmütig sagen: "Du hast ja nur die Volksschule besucht!" Sie fühlt sich ihm zwar nicht wissensmäßig, aber blutsmäßig und damit geistig überlegen.

Rudolf Kassner hat uns die prägende Macht der Einbildungskraft klar gemacht. Sie kann das gesamte Leben eines Menschen weit mehr als seine wirtschaftlichen Verhältnisse bestimmen, die zu ihr in scharfen Kontrast treten können. Man glaubt zu sein, wofür man sich hält. Aber kehren wir nach Berlin-Friedenau zurück.

Die Wohnräume hinter dem Geschäft werden zu einem Treffpunkt der Gesellianer. Eines abends kommt auch Arthur Rapp in die Stubenrauchstraße, Marias künftiger Lebensgefährte. Wird er an ihrer poetischen Lebensader Gefallen finden? Arthur ist arbeitslos. Er wird in die Familie aufgenommen. Maria lebt in freier Liebe mit ihm zusammen, ein großes Wagnis in der damaligen Zeit. Sie heiraten erst 1935, als Arthur längst wieder in Arbeit ist. Die Arbeitslosigkeit kann also nicht der einzige Grund des Zögerns gewesen sein. Die Beziehung war von Anfang an problematisch.

*Schwenninger Beschwernisse*

Den Zweiten Weltkrieg erlebt Maria größtenteils in Berlin. 1942 wird Sohn Anselm geboren. 1943 - die Lage in Berlin wird immer bedrohlicher - zieht Maria mit ihm auf den Rat ihres Mannes, der in der Reichshauptstadt bleibt, aber nachkommen will, nach Schwenningen um. Dieser Umzug setzt sie der kleinbürgerlichen Familie und Verwandtschaft Arthurs aus. Sie wohnt im Hause einer überpingeligen Tante (sie heißt ebenfalls Maria Rapp), die jedem Staubfädchen nachjagt. Maria selbst wird nie eine richtige Hausfrau sein. Sie ist langsam und oft auch ungeschickt und muß zudem den kleinen Anselm versorgen, der ohne seinen Vater aufwächst. Von ihrer Mutter ist sie Groß-zügigkeit gewöhnt. In Schwenningen wird ihr nachgesagt, sie könne keine Ordnung halten.

Wenige Monate nach Marias Umzug nach Schwenningen stirbt in Berlin nach einem schweren Luftangriff der Alliierten plötzlich Marias Mutter.

Der Schock des Umzugs und des Todes der Mutter scheinen noch nicht zu genügen, schon wartet ein weiterer auf Maria. Arthur bleibt nicht nur aus beruflichen Gründen in Berlin, er lebt dort auch mit einer anderen Frau zusammen. Zum Gefühl der Verlassenheit gesellt sich das des Betrogenseins.

So nimmt es nicht wunder, daß Maria all ihre Liebe auf den Sohn Anselm überträgt. Sie ist emotional so stark an ihn gebunden, daß sie keine selbständige Entfaltung des Kindes zulassen möchte, welches seinerseits auf die Mutter fixiert wird. Diese übermäßige Bindung wirkt sich auf beide blockierend aus, was Anselm früher oder später behindern muß, den eigenen Schritt ins Leben hinaus zu wagen.

Während der letzten Kriegsjahre sinkt Berlin durch Spreng- und Brandbomben Straße um Straße in rauchende Trümmer. In den Ruinen schießen viele Liebschaften und wilde Nebenehen ins Kraut. Wer weiß denn, ob er am nächsten Morgen noch lebt? Arthur Rapp wird in den letzten Apriltagen des Jahres 1945 zum Volkssturm eingezogen. Er gerät in russische Gefangenschaft, kann jedoch vor dem Abtransport nach Sibirien fliehen. Nach Kriegsende setzt er sich zu Fuß nach Schwenningen in Marsch. Maria empfängt ihn kühl, ist aber doch froh, nicht mehr allein zu stehen. Arthur eröffnet einen kleinen Handel, um seiner Familie über die damals bestehenden Ernährungsschwierigkeiten hinwegzuhelfen. Dann stellt ihn die Firma Siemens wieder ein. Ab März 1946 setzt er seine frühere Tätigkeit im Zweigwerk Balingen fort, von dem er dringend angefordert wurde. Dies bedeutet die abermalige Trennung der Familie, wenngleich auf weit kürzere Entfernung. Arthur kommt nur an den Wochenenden nach Schwenningen. Abermals fühlt sich Maria verlassen, ja vernachlässigt.

Wenn sie Arthur vorwirft, er habe nur die Volksschule besucht, vergißt sie, daß er sich trotzdem aus eigener Kraft zum Werkstatt-Ingenieur emporgearbeitet hat. Dazu mußte er im Selbststudium ausreichende Kenntnisse erwerben. Sein Sachgebiet sind die Stromversorgungsgeräte für Fernschreib-Vermittlungseinrichtungen. Dafür kann Maria kein rechtes Verständnis gewinnen. Für sie ist entscheidend, daß sie sich wieder gegen Arthurs Tante und andere Verwandte selbst behaupten muß, statt von ihm täglich entlastet zu werden.

### Münchener Kreise

1951 wird dieser von seiner Firma nach München versetzt. Das bedeutet erneute Trennung. Arthur zieht voraus, Maria kommt mit dem Sohn erst ein

Jahr später nach. In München kann sie endlich einen eigenen Haushalt einrichten. Aber daran liegt ihr eigentlich, außer der erreichten Unabhängigkeit von "Tante Maria", der pingeligen Vermieterin, nicht sonderlich viel. Am liebsten hätte sie die Münchner Wohnung in einen literarischen und künstlerischen Salon verwandelt. Das geht natürlich nicht. Dazu ist die Wohnung doch zu klein. Aber Maria ersinnt einen Ausweg. Sie schafft sich einen Kreis musisch interessierter Menschen, mit dem sie möglichst regelmäßig in einem zentral gelegenen Münchner Café zusammenkommt. Zu diesem Kreis gehören außer einem Künstler, einem jungen Maler, drei Publizisten: ein indischer, ein deutscher und ein österreichischer. Die Mitglieder dieses bunten Kreises und andere Freunde pflegt Maria mit Geschenken zu überschütten, welche ihr überströmendes und mütterliches Herz symbolisieren, aber arg an der Haushaltskasse zehren. Mit Vorliebe verschenkt sie teure Binder. Manche haben schließlich eine Sammlung von 80 Stück und noch mehr.

Arthur übernimmt daher in den ersten Münchner Jahren die Finanzhoheit. Doch auch er gibt unsinnig viel aus, wenngleich für andere Zwecke. Beide können die materielle Welt nicht beherrschen. Sie stehen ihr recht hilflos gegenüber. Die Haushaltskassse geht wieder auf Maria über, da sich Arthur nach Feierabend am liebsten in sein Arbeitszimmer zurückzieht, in dem er seine freiwirtschaftlichen Aktivitäten entfaltet: er schreibt unzählige Briefe und Artikel, lädt zu Vortragsabenden ein und baut ein freiwirtschaftliches Archiv auf.

Marias große Liebe außer dem Botanischen Garten sind die Münchner Bildgalerien, welche sie immer wieder besucht. Hier tut sich eine andere, eine verzauberte Welt auf, worin man von Sorgen und Ängsten vorübergehend befreit wird. Die technische Brutalisierung der Welt setzt Maria Tag und Nacht zu. Innerlich ringt sie um Wiederverzauberung. Von den Gemälden gefallen ihr die impressionistischen am besten.

Als hätte Maria noch nie in einer Großstadt gelebt, erweist sie sich in München oft als eine überängstliche Person, die kaum wagt, über eine Straße zu gehen. Manchmal reißt sie dabei Arthur zurück, der sich viel freier und unbesorgter bewegt, wegen des Zurückreißens manchmal auch sehr ärgerlich wird und seine Frau dann einfach stehen läßt. Arthur begreift nicht, daß die

Ängstlichkeit zu einem Teil ihres Lebens geworden ist, seitdem sie meint, dem gewöhnlichen Leben nicht mehr gewachsen zu sein. Die Angst entspringt der Unsicherheit und dem Verlust des Urvertrauens, von der Erde getragen zu werden. In gewisser Hinsicht entspringt sie auch dem Glaubensverlust. Maria ist strenggenommen keine Christin, eher ein Freigeist. Doch nähert sie sich allmählich dem Pantheismus, der Gott in allen Dingen und hauptsächlich in der Natur sucht.

Arthur wächst auf der anderen Seite auf ähnliche Vorstellungen zu. In seinem Freireligiösen Glaubensbekenntnis hieß es:

> *Ich glaube, daß die schöne Welt regiere*
> *ein hoher, weiser, nie begriffner Geist.*
> *Ich glaube, daß Anbetung ihm gebühre,*
> *doch weiß ich nicht, wie würdig man ihn preist.*
> *Nicht glaub' ich, daß der Dogmen blinder Glaube*
> *dem Höchsten würdige Verehrung sei ...*
> *Ich glaube nicht, wenn wir vom Irrwahn hören,*
> *der Christen Glaube mache nur allein uns selig ...*

Arthurs Credo ist zwar einem Poster entnommen, doch steht er persönlich dahiner. So sollte sich mit der Zeit, wenngleich nur sehr langsam, eine geistig-religiöse Brücke zwischen ihm und Maria bilden, welche die offengründigen Abgründe in einem hohen Bogen überschwang.

Im Wohnviertel kann Maria zunächst keine Freundin finden. Dann sind es Menschen auf den untersten Sprossen der sozialen Stufenleiter, die Zuwendung brauchen: eine Malerin, eine Katzenfreundin, zwei homosexuelle junge Männer.

In der Münchner Wohnung richtet sie sich ihr Refugium ein. Es gibt da ein kleines Sonderzimmer, das zur Hülle ihrer intimen Bedürfnisse wird - insbesondere für das Bedürfnis, sich von Arthur und der häßlichen Welt jederzeit zurückziehen zu können. Auf der einen Seite steht ihr Bett, auf der anderen ein Regal. Dazwischen liegt ein schmaler Gang von etwa 60 cm Breite. Auf dem Regal ist Rilkes Werk in einer schönen Gesamtausgabe zu sehen. Hier stehen auch alle erreichbaren Schriften über ihn. In diesem Refugium hängt Maria ihren Träumen und Sehnsüchten nach. Hier erholt sie sich und wird nach jeder Niederlage von Rilke seelisch aufgerichtet.

Marias Leben ist nicht der Nützlichkeit, vielmehr der Schönheit geweiht. Letzten Endes muß sich *jeder* Mensch zwischen Nützlichkeit und Schönheit entscheiden, doch die meisten verkleistern diese Entscheidung durch einen Kompromiß. Maria macht Zugeständnisse im Alltag, ist aber kompromißlos für die Schönheit - für die poetische, romantische und künstlerische Lebenslinie. Das scheint mir der Schlüssel zu ihrem tieferen Verständnis zu sein, zu dem ewigen Rebellentum, das in ihr angelegt war. Deshalb zog es sie unwiderstehlich zu den Künstlern und Romantikern, zu den Freien, die ihr Leben auf die Waage des großen Risikos legen, weil sie lieber untergehen wollen als sich einem Zwang zu beugen. In Silvio Gesell sah Maria den Prototyp all derer, die nach einer unbändigen Freiheit strebten und sich niemals zähmen ließen.

## *Unsere Seelenfreundschaft*

Ich lerne Maria Rapp erst im September 1973 kennen, als sie mich zusammen mit ihrem Mann in Senne besucht. Während der ganzen Zeit des stundenlangen Gesprächs flicht sie kaum ein Wort ein, schaut mich vielmehr nur an. Dieses Schweigen webt ein festeres Band, als es durch Sprechen geknüpft werden könnte. Es begegnen sich zwei Seelen, auf deren Harfen schon ein leichter Wind spielen kann.

Marias Harfe hat zwei Saiten. Auf der einen spielt Rilke, auf der anderen die Natur. Beide Klangreihen setzen sich zuweilen in eigenschöpferische Gedanken um.

Ein erstes Gedicht, das Maria mir schickt, heißt

Wegewarte

Es steht eine Blume, wo der Wind weht den Staub,
blau ist die Blüte, aber grau ist das Laub.

Maria Rapp 11

Ich stand am Wege, hielt auf meine Hand,
du hast deine Augen von mir abgewandt.
Nun stehst du am Wege und da wehet der Wind,

deine Augen, die blauen, vom Staub sind sie blind.
Da stehst du und wartest, doch ich komme einher,
Wegewarte, Wegewarte, du blühst ja nicht mehr.

Ich bin nicht ganz sicher, ob dieses Gedicht von ihr selbst stammt. Auf jeden Fall paßt es zu Maria Rapp.

Nach dem Gegenbesuch vom August 1974 betreten wir die weiten Hallen der Freundschaft. Sie liest meine Djilas-Biographie und ist tief bewegt vom rätselhaften Schicksal dieses großen Montenegriners. "Woher er kommt, wohin er geht, welche Aufgabe ist ihm auferlegt? - das vor allem ist wohl das Geheimnis, das uns anschaut und unwiderstehlich anzieht, sei es Mensch oder Tier, Blume oder Baum, das Größte und das Kleinste im unendlichen rätselvollen Weltall. Und wo immer wir ihm begegnen, zwingt es uns zur Ehrfurcht."

An diesem Brief vom 22.11.1973 fällt mir besonders auf, daß Maria Rapp das Geheimnis der Persönlichkeit nicht auf Menschen beschränkt. Für sie sind auch Naturwesen darin eingehüllt, und die Ehrfurcht gebietet, es nicht zu verletzen. So tritt bereits ein großes Einverständnis zutage.

Über den brieflichen Verkehr hinaus stehen wir in intensiver Gedanken-verbindung. Maria glaubt wie ich an die Möglichkeit eines telepathischen Austausches, auch zwischen Mensch und Tier. "Wenn unsere Forscher die Verständigung auf telepathischem Weg schon herausgetüftelt hätten, müßten sie wissen, daß dies keine leere Ausrede ist." Aber Briefe sollte man sich trotzdem schreiben, schon der Spannung und Bewegtheit des Herzens zuliebe. Sie empfinde eine Diskrepanz zwischen den Sehnsüchten und unseren Entfal-tungsmöglichkeiten auf der Erde. Aber nach dem irdischen Tod gehe das Leben sicher weiter. Bedeutende Menschen, die schon jetzt und hier die gesetzten Grenzen durchbrächen, hätten dann vermutlich einen großen Vor-sprung.

Maria schreibt zwanglos und impulsiv. Unsere Briefe streifen viele Themen. Mir scheint, sie ist für alles aufgeschlossen. Wir saugen unseren Lebenssaft aus den Wurzeln der Kunst. Das gleicht die etwas einseitigen Gespräche mit Arthur wieder aus, der immer nur über Politik und Freiwirtschaft sprechen will. Er hat jedoch ebenfalls literarischen Geschmack und eine beständige Neigung zu guter Literatur.

Eines Tages hat Maria Rapp das Atelier eines Künstlers besucht. Und sich von seinen Bildern angeschaut gefühlt. Es war wie ein Traum und zugleich die Entrückung in eine andere Welt.

### Ein Traum

Ich träumte, ich stand inmitten deiner Bilder,
mir schien, sie hielten über mich Gericht,
die einen blickten streng, die anderen milder,
doch alle sah'n mir forschend ins Gesicht.

Ich stürzte in die Knie und flehte leise,
verstoßt mich nicht aus eurem hehren Kreise,
durch euch eröffneten sich mir jene Räume,
in denen Engel Gottes Antlitz seh'n,
und wo der Liebe grenzenlose Träume
vor Maßen des Unendlichen besteh'n.

Ich schwieg und blickte bange in die Runde
nach einem Zeichen, einem Hoffnungsstrahl,
doch Dämmerung verdunkelte die Stunde,
der Farben Glut erlosch und wurde fahl.

Da plötzlich hellt sich auf der Bilder Reigen,
ich sah sie staunend in die Höhe steigen,
sah sie bewegen sich von Stuf' zu Stufe
und eine Stimme, die ich kannte rief:
Wart' bis ich rufe!

Vom Klang der fernen Stimme wacht' ich auf.
Und grau begann des Alltags Tageslauf.

Um dieses Gedicht und andere ganz zu verstehen, muß man wohl wissen, daß Maria neben Rilke auch Novalis liebt. Tief angesprochen fühlt sie sich von seinem Hinweis: "Nach innen geht der geheimnisvolle Weg, in uns oder nirgends in Ewigkeit."

### *Aus dem Herzen denken und handeln*

Die Ehe gerät in eine noch tiefere Krise. Beide sind eifersüchtig. Arthur, weil er grundlos glaubt, Maria sei in einen anderen Freiwirt verliebt; sie aus dem Eindruck, er wolle bei der nächsten Gelegenheit mit jüngeren Frauen auf und davon. Es fallen Worte, die ihre Seele tief verletzen. Aus dieser Wunde quillt wie Blut folgendes Gedicht:

"Ein Jeder tötet, was er liebt"

Das hörte ich einmal Jemand sagen.
Ich konnt' es nicht glauben, doch es ließ mich nicht los.
Da begann ich die Leute danach zu fragen.
Der Erste lachte und ließ mich stehn.
Einer erschrak und blickte ins Leere,
und ich sah ihn schwankenden Schrittes gehn ...

Ein Anderer tippte sich an die Stirn,
schlug mir auf die Schulter mit Schwere:
Bedenken Sie doch, das wäre ja Mord,
Liebe geht doch nicht morden!
Doch dann sagte Einer, Sie haben recht,
schon mancher ist so gestorben.

Oft allein durch das Wort, das grausame Wort,
zwar nicht von heute auf morgen.
Doch tödlich wirkt auch das langsame Gift,
schmerzhafter blutet die Wunde,

die die Seele immer auf's Neue trifft
aus einstmals liebendem Munde.

Durch das Wort, das grausame, zerstörende Wort
wird der Liebende zum Verräter,
und ahnt auch niemand den heimlichen "Mord",
Gott schaut herab auf den Täter.

Als ich Maria Rapp kennenlernte, war sie schon 74 Jahre alt, aber wie eine Sechzigerin. Nun werden ihre Glieder schwerer und ihr Rücken krümmt sich ein wenig. Indes genügt zuweilen eine Blumenknospe, ein fallendes Blatt oder ein Lächeln, um ihren schöpferischen Quell wieder steigen und fließen zu lassen:

## Dein Lächeln

In der Dürftigkeit der Tage, meiner kalten,
hat dein Lächeln mir gestrahlt im Überfluß,
schwebend anfangs und wie noch verhalten,
traf es gleich ins Herz mich, wie ein Kuß.

Es blühte zwischen uns wie ein Versprechen
auf noch nicht zu nennendes Geschick,
war wie ein Bündnis, das nie könnte brechen,
wie es beschieden schnell erfülltem Glück.

Dein Lächeln strahlte mir wie tausend Kerzen,
wenn ich verweint das meine dir entgegenhob,
es ließ mich selig preisen meine Schmerzen,
riß meine Seele hoch zu Dank und Lob.

Dein Lächeln blieb voll Zuspruch und Verheißung
(Zukünftiges steht groß dir im Gesicht);
das meine ist vom Aufbruch nun gezeichnet,
voll Ahnung schon um Abschied und Verzicht.

Ihr schönstes Gedicht ist reif wie ein Roggenfeld, das schon nach Brot duftet. Es gefiel mir so gut, daß ich es in eine Anthologie aufnahm. Doch der Verlag ging bankrott, bevor er sie veröffentlichen konnte.

## Afrikanischer Storch

Aus fahlem Schilfrohr
reckt sich auf schneeigweißem Hals
sein schmaler Kopf hervor.
Den Schnabel spitz ins Blau des Himmels weisend,
steht er in königlicher Haltung, stolz verweilend.
Beliebt sodann die Flügel anzuheben,
und wie im Spiel sie tändelnd zu bewegen,
sodaß die samtnen Falten,
gesäumt vom Filigran der Federspitzen
lockend schwingen,
gleich der kostbaren Stola einer spanischen Tänzerin.

Nun erst gefällt es ihm,
das schimmernde Gefieder auszubreiten,
um den mit meisterlichem Pinsel aufgetragenen
geraden Strich des schwarzen Bandes aufzuzeigen,
den das fürstliche Gewand
in keckem Gegenspiel von Schwarz und Weiß
hochmütig preisgibt -

und endlich sich mit starken Flügelschlägen
aufzuschwingen in den Wind,
der den großen weißen Vogel rauschend umfängt
und emporträgt in vollkommenen Kreisen
höher und höher
                    ins unendliche Blau.

Das unruhige Herz bedarf der Dichtung am meisten. Fast jeder Brief und jede Karte, die mir Maria schreibt, trägt den Vermerk: "In Eile!" Warum nur?

Das Haus, in dem sie mit Arthur wohnt, liegt in einem Park, der es von der Straße abschirmt. Vom Autoverkehr ist wenig zu hören. Der Park mit seinen Häusern und Sträuchern bietet dem Auge ein wohlgefälliges Bild. Maria braucht nur einige Schritte zu tun, und schon ist sie in der Natur. Geht ihre Unruhe von Arthurs rastloser Betriebsamkeit aus oder entspringt sie einer großen Enttäuschung und dem Gefühl des unerfüllten Lebens? Sie beneidet mich ein wenig, weil ich selbst aus schwierigen Umständen noch etwas Glück schöpfen könne.

Aus ihren Briefen schauen mich wohlgeformte Buchstaben und Sätze an. Nur zum Schluß springt manchmal eine fiebrige Ader auf. Weil es noch viel anderes zu tun gibt? Im Haushalt so bedächtig, als wolle sie alles mit Liebe tun, vernachlässigt sie ihn auch. Im persönlichen Gespräch ist keine Unruhe zu spüren. Da fällt etwas von ihr ab.

Wir tauschen lange Briefe aus. Von Politik und Freiwirtschaft steht selten etwas drin. Der Alltag wird wie ein Vorhang aufgezogen. Im Mittelpunkt ist oft Rilke, der aus der Stille kam. Dem tonnenschweren Gewicht der Weltereignisse konnte er jeweils nur ein zartes Gedicht entgegenstellen - und hob damit ihre Last von vielen Seelen. So wird auch Maria immer wieder entlastet. Doch infolge ihrer Sensibilität muß sie alle Ängste mittragen, die seit Rilkes Tod in der Welt umgehen. Auf den Schultern der Schwachen und Sensiblen liegen die Taten und Untaten der Starken. Wehe der Welt, wenn sie zusammenbrechen und das Unheil nicht mehr auffangen können. Dann gehen große Seuchen um (wie jetzt Aids). Und es flammen Bürgerkriege auf (wie in Jugoslawien).

Ihre Sammlung aller bisher über Rilke erschienenen Schriften wird für mich zu einer Art Fernleihe. Sie schreibt mir den ganzen Zyklus seiner Tiergedichte ab, die ich besonders schätze. Es entsteht daraus eine kleine, kostbare Broschüre. Sie kennt Rilkes Werk viel besser als ich. Mehr noch: Maria Rapp öffnet mir erst den Zugang zu seinem innersten Verständnis.

Jedem ihrer Briefe liegt eines seiner Gedichte bei. Ihr wertvollstes Geschenk ist eine geschmackvolle Gesamtausgabe Rilkes, so zierlich, daß sie sogar auf Reisen mitgenommen werden kann. Ich frage nach seinem Verhältnis zur Liebe. Ruhig fließt mir der breite Strom ihrer Zeilen entgegen.

Maria hat zu Tieren eine ebenso intensive Beziehung wie zu Blumen. Als wir einmal über Ernst Jünger und sein Werk korrespondieren, schreibt sie, sein einstiger "heroischer Realismus" widerspreche ihr sehr. "Große Sympathie bringe ich ihm aber entgegen als Freund und Bewunderer der Katzen." Könne ich ihr sagen, ob seine Katze goldfarben oder getigert und langhaarig sei? "Ich hatte, als ich ihn einmal im Fernsehen sah, die Vision einer solchen Katze neben ihm." Wie ich von einem Besuch bei Ernst Jünger in Wilflingen weiß, ist seine Katze tatsächlich goldfarben und langhaarig.

Freudig trägt Maria zusätzliche Pflichten für in Urlaub gefahrene Nachbarinnen. Von der einen umsorgt sie "zwei liebe Katzen". Von der anderen hat sie einen Kanarienvogel übernommen; ihm singt sie Kinderlieder vor, denen er "ganz still mit schräg gehaltenem Köpfchen lauscht." Für Maria bedürfen die Tiere nicht nur der Nahrung, auch seelischer Zuneigung, ohne die sie verkümmern.

Um meine Gesundheit sorgt sie sich immer. Mein Unfall erschüttert ihr Gemüt. Am liebsten würde sie einen Teil meiner Schmerzen übernehmen. Nicht zufällig oder aus Eitelkeit nennt sie sich Maria Magdalena. Mir ist, als stünde sie in der allumfassenden Liebe. An ihr nagt das schreckliche Gefühl, "hinter den Kulissen des Lebens" zu sitzen. Wie ein Mauerblümchen, auf das kein Sonnenstrahl mehr fällt. Für mich gleicht sie indes einer Birke, die zwar Blätter, Zweige und Äste abwirft, deren Stamm dafür aber umso weißer leuchtet.

Einmal schreibt mir Maria, sie habe mehrmals die Nähe ihres Schutzengels gespürt, der in Gefahren seine Flügel über sie gehalten. Doch ihr Schutzengel-Gedicht ist verloren gegangen. Sie war das, was man in der Literatur des 18. Jahrhunderts eine Schöne Seele genannt.

Die häuslichen Obliegenheiten werden zur immer schwereren Bürde. Eine "stets wiederholende Arbeit als Nur-Hausfrau" hat Maria Rapp nie befriedigen können. Aus ihrer Sicht sehen die Dinge nun so aus: Arthur übernimmt zwar den Abwasch des Geschirrs, aber dazu braucht er abends nur eine halbe Stunde, während sie täglich für 4 Mahlzeiten verantwortlich ist, ferner für Reinlichkeit und Behaglichkeit zu sorgen hat. Darüber klagt sie auch zuweilen. Die Haushaltsarbeit liegt ihr längst nicht mehr.

Welchem der vier Elemente ist Maria zugeordnet. "Zum Wasser zieht es mich unwiderstehlich." In Konstanz schwänzt sie einen Vortrag oder auch zwei, um den Bodensee zu erleben. Bloßes Sehen wäre zu wenig.

Nicht nur Hausfrau, auch Gefährtin zu sein, ist ihr ein tiefes Bedürfnis. In der Weimarer Republik stand Maria an der Seite ihres Mannes im Physiokratischen Kampfbund. In der Bundesrepublik sind sie gemeinsam der Freisozialen Union beigetreten. Doch Arthur nimmt sie selten auf eine Tagung mit, fährt lieber allein. Er fühlt sich durch Maria behindert. Ich war Zeuge eines mir unverständlichen Streits auf der Fahrt nach Bad Boll.

Als Otto Schönbeck versucht, eine freiwirtschaftliche GEIST-Partei und einen 5 %-Block zu gründen, worauf ihn die FSU als "Phantast" und "Spalter" bezeichnet, richtet Maria Rapp im September 1976 einen fünfseitigen Brief an deren Parteivorstand: "Es fällt mir schwer, zu begreifen, daß ein Mensch angegriffen wird, mit dem uns die gleichen Ideale und der gleiche opferbereite Einsatz zur Verwirklichung des Traums verbindet, der dem großen Menschenfreund Silvio Gesell vorschwebte. Sollten wir es nicht vielmehr begrüßen, daß gerade jetzt in der Stunde unabsehbarer Gefahren ein Mensch in die Bresche springt, der sich berufen fühlt, das Werk Silvio Gesells ins Bewußtsein der Menschen zu bringen?"

Bezeichnend ist, daß Maria nicht nur eine große Unrast in der Menschenwelt spürt, sondern auch in der Natur. Sie schließt sich Schönbecks TATGEMEINSCHAFT DER LIEBE an, um zur Beruhigung beider beizutragen. In diesem Zusammenhang beneidet sie mich um die Möglichkeit, "das herrliche Instrument der Sprache mit tastender Hand zum Klingen bringen zu können".

Maria Rapps Erscheinen auf freiwirtschaftlichen Kongressen erregt jedesmal Aufsehen. Sie wir mehr beachtet als Arthur. Man scheint in ihr den mütterlichen Daseinshintergrund der Freiwirtschaft zu sehen, begrüßt sie fast demonstrativ und sucht ihre Nähe. Selbst Wilhelm Radecke tritt an Maria heran: "Daß ich das noch erleben darf, eine Tochter Blumenthals und Verwandte Gesells wiederzusehen!" Die Gefeierte ist zurückhaltender. Wo andere von einem Reich der Freiheit schwärmen, geht es ihr um größere Menschenfreundlichkeit.

Nur einmal wird sie mitgerissen, im Internationalen Kulturzentrum Achberg: "Mir war in diesen lebendigen Tagen unter meist jungen, leidenschaftlich für ihr Anliegen engagierten Menschen, als erlebte ich den Anbruch einer neuen Zeit."

### Die Seele lebt von Wohlklängen und Düften

In ein und demselben Brief kann Maria von Gesell, Rilke und Picasso sprechen. Doch jeder ist persönlich, ja so gefaßt, als erriete sie meine Gedanken und Wünsche. Immer wieder schickt sie mir Aufmerksamkeiten. Das können zwei Märchen in einem schönen Einband oder auch einige Tafeln meiner Lieblingsschokolade sein. Freude zu bereiten ist Maria ein Bedürfnis.

Nach dem 80. Lebensjahr tritt körperliche Hinfälligkeit ein, begleitet von weiterbestehender geistiger Frische - als gingen Alter und Jugend nebeneinander. Maria fällt im Badezimmer, fällt auch auf der Straße, doch noch immer erstaunt mich ihr schwungvoller Briefstil und das Aufblitzen neuer Gedanken.

Erst in den 80er Jahren läßt der briefliche Austausch nach. Die vielen Besucher machen ihr zu schaffen, gerade solche von Nur-Freiwirten findet sie "nicht immer erbaulich". Außerdem hat Maria das bedrückende Gefühl, in einer verneinenden Zeit zu leben und ihrer Eintönigkeit ausgeliefert zu sein. Sie nutzt das Begräbnis eines Verwandten, mich in Freiburg kurz zu besuchen. In dieser Stunde lebt sie wieder auf.

Doch mit der Fußgelenkigkeit kommt auch die Handgelenkigkeit abhanden. Ich werde nun zuweilen von Maria angerufen. Unsere Telefongespräche dauern meist 10-15 Minuten, Briefe füllen jetzt die Zwischenzeiten aus, sie werden meist nach Mitternacht geschrieben, wenn der See ihrer Seele still geworden und vom Mondenschein versilbert ist. In dieser nächtlichen Stunde gehen auch die Knospen der Gedichte Rilkes auf, um ihren Blütenduft zu verströmen und sich im Morgengrauen wieder zu schließen. Die Seele lebt von Düften und Klängen, auch vom Wohlklang der Stimmen.

Da Maria meine materiellen Existenzsorgen kennt, legt sie mir einmal Geld für einen Lotto-Tip in ein Päckchen. Doch müsse ich darauf achten, den ausgefüllten Lottoschein bis Freitag 18 Uhr bei der Annahmestelle abzugeben. "Also viel Glück soll er dir bringen von einem Sonntagskind namens Maria".

Ein Sonntagskind - doch wenig Glück ist ihr selber beschieden. Alle Spannungen, alle Krisen ihrer langen Ehe scheinen eine tiefe Wurzel zu haben: Arthur ist ein politischer, Maria ein musischer Mensch. Ich kann mir keinen größeren Gegensatz denken. Und doch wird er von beiden Seiten immer wieder überschritten.

Einmal hat mir Maria, als wir allein waren, bisher nie Gehörtes von Gesell berichtet. Worauf ich sie angeregt, ihre Erinnerungen niederzuschreiben, und daran immer wieder gemahnt.

"Das ist mir nicht gegeben."
"Doch, du schreibst ja manchmal wunderbare Briefe."

Maria Rapp zögert lange, bis sie endlich die Feder ergreift. Ihre ersten Entwürfe sind recht holprig, die Zeilen scheinen auseinanderzulaufen. Aber auf einmal gelingt es ihr ebenfalls, die Sprache melodisch erklingen zu lassen. Seite um Seite entsteht, immer wieder von langen Erschöpfungspausen unterbrochen, bis sich das Werk nach 1-2 Jahren rundet. Ich kenne nichts Vergleichbares über Silvio Gesell. Maria Rapps Erinnerungen machen ihn wieder lebendig. Gerade der Verzicht auf alle theoretischen Lobsprüche und Floskeln läßt seine Menschlichkeit umso klarer hervortreten. Nur Maria konnte das schreiben. Sie badet noch einmal im Jungbrunnen schöner Erinnerungen. Ihr Ursprung als geprägte Persönlichkeit lag nicht in der Geburt, sondern in den Grunderlebnissen mit Silvio Gesell. Diese waren als Kostbarkeiten in der Seele aufbewahrt.

Ihre Erinnerungen bringen auch den Vater näher, mit dem sie sich endlich aussöhnen kann. Sie sind ein zartes Gewebe aus den goldenen Sonnenfäden neuerweckter Liebe.

## Abschied

Im Februar 1987 teilt mir Maria mit, daß sie sich nach einem häuslichen Unfall vorerst nicht mehr in die Stadt wage. Sie leide an sehr hohem Blutdruck und ständiger Müdigkeit. Trotzdem kommt ein Geburtstagspäckchen an. Ihr bisher klares Schriftbild verwischt sich. Die Buchstaben beginnen zu tanzen und die Zeilen zu wanken. Manchmal ruft sie noch an, aber mehr um zu lauschen als selber zu sprechen. Ihr Leben zieht sich auf den Mittelpunkt zusammen.

In dieser Zeit entsteht noch ein jubilierendes Abschiedsgedicht, das wenigstens in meiner kleinen Zeitschrift SAMENKÖRNER veröffentlicht werden konnte:

### Frühlingsbild

Rosa, rosa, süßes zärtliches Rosa
gegen seidenklaren Himmel -
und aus dunklem Gezweig
das schimmrig Weiß der Kirschenblüten
und überall das lichte Grün der Bäume und Sträucher,
gesäumt vom gelben Feuer der Forsytien.

Aus brauner Erde und jungem Gras
sind all die Frühlingsblumen auferstanden,
vielfältig geformt von Gottes eigener Hand.

Was klagst du, Herz?
Laß das Haus, geh hinaus:
Jauchze, kniee, bete, danke!

Im Sommer 1989 komme ich wieder nach München, diesmal wegen bestimmter Dokumente. Maria setzt sich still zu dem Gespräch mit Arthur hinzu. Sie schaut mich nur an. Es ist wie beim erstenmal 1973 in Senne. Anschließend fragt sie mich flüsternd im Flur: "Werden wir uns noch einmal sehen?"

"Aber sicher!"
Innerlich ist mir anders zumute.

Maria kommt noch vor die Haustüre und schaut mir nach. Sie weiß um den Abschied für immer. Leb' wohl, meine ewige Freundin!

## *Ablösung*

Die letzten zwei Jahre ihres Lebens verbringt Maria Rapp in einem Pflegeheim. Denn allein ist sie nach Arthurs Tod nicht mehr existenzfähig und die Wohnung der Familie ihres Sohnes zu klein, um sie darin aufzunehmen. Maria geht nicht gern in das Heim, sieht jedoch die Notwendigkeit ein. Sie wohnt mit einer anderen alten Dame in einem Zimmer zusammen. Wenn diese verreist, bricht ihre Angst wieder durch.

Maria hat im Pflegeheim eine isolierte Position, weil ihr mit Leuten auf niedrigerer geistiger Ebene eine Verständigung kaum möglich ist. Man spürt bei ihr das Ungewöhnliche und läßt ihr die Eigenarten, doch diese schließen sie auch ein. Maria bewahrt ihr Wesen und verweigert die Anpassung. Von den anderen Insassen wird sie geachtet, aber als etwas überheblich angesehen, zumal sie auch im Pflegeheim von ihrer adligen Abkunft zu sprechen pflegt.

Ihr Gedächtnis läßt erschreckend nach, so daß sie manche Besucher kaum noch wiedererkennt. Schließlich stirbt sie in die Stille hinein, in jenes Große Schweigen, das die Toten tröstlich umfängt und weiterträgt.

Der Sohn Anselm hat die wichtigsten Marksteine des Lebens seiner Mutter in einem broschürenhaften Nachruf skizziert, auf dessen Vorderseite ein Baum mit fallenden Blättern zu sehen und ein Gedicht von Rilke zu lesen ist:

Wir alle fallen ...
Und doch ist Einer,
welcher dieses Fallen
unendlich sanft
in seinen Händen hält.

Die Enkelin Christine schrieb ihre Trauer in Form von Erinnerungen nieder, darin wird erwähnt, daß bei den Besuchen der Großeltern Arthur stets als erster einzutreffen pflegte.

Er und Maria hatten zeitlebens nicht den gleichen Schritt; erst in den letzten Jahren glichen sie sich an. Schwer und unübersichtlich war der Weg zueinander, trotz des Jubels am Beginn. Jeder Mensch hat *seinen* Pfad. Manche Pfade treffen sich erst im Unendlichen: jenseits aller Vorbehalte, die uns unsere Wesensart auferlegt. Doch alle Ichs streben schließlich zum Du. Auf welcher Station ihres Lebens sie es finden, hängt vor allem von der Fähigkeit zur Öffnung und Begegnung ab. Ferner  davon, ob die Ehe wirklich eine Wesensgemeinschaft ist. Sie kann auch eine Art Leibeigenschaft oder eine zufällige Kombination sein.

### Nachgedanken

Im Februar 1993 besuche ich ihr Grab, das neben dem von Arthur liegt. Als ich mit ihrem Sohn Anselm den Waldfriedhof betrete, sehe ich Maria mit dem inneren Auge weit vorn auf dem Weg, neben einer Bank, wo sie oft gesessen. So tritt die Zeit zuweilen zurück. Die visionäre Begegnung geschieht in einem zeitlosen Raum. Es war ein nochmaliger und diesmal ganz bewußter Abschied, auch von meiner Seite. Als wäre etwas nachzuholen gewesen.

Anmerkung des Herausgebers zum Abschnitt „Schwenninger Beschwernisse" im Porträt von Maria Magdalena Rapp-Blumenthal:

Die negative Darstellung der Schwenninger Zeit meiner Mutter hat Verwandte väterlicherseits verstimmt. Ich bin überzeugt, dass meine Mutter sehr ungern mit mir von Berlin nach Schwenningen übersiedelte. Zwar waren wir im Krieg dort sicherer vor Bombenangriffen als in der Hauptstadt, aber mein Vater musste, bei Siemens für den Militärdienst unabkömmlich gestellt, in Berlin bleiben. Ich bin ebenso fest überzeugt, dass sie ihre Verwandtschaft, in die sie eingeheiratet hatte und die sie in den schweren Kriegs- und Nachkriegsjahren nach Kräften unterstützte, sehr bald schätzte. Ganz sicher zog sie ebenso ungern von Schwenningen und den dortigen Verwandten nach München fort, wie sie zehn Jahre zuvor gekommen war. An ihren schweren Abschied erinnere ich mich selbst noch, und ihre lebenslang herzlichen Kontakte zur Schwenninger Verwandtschaft belegen dies.

Sozialisierung oder Personalisierung?

Versuch eines Porträts von

# Georg Blumenthal

von
Günter Bartsch

# 1

Georg Blumenthal war eine geschichtliche Persönlichkeit, ein Arbeiterführer, der als solcher noch nirgends gewürdigt worden ist. Zwar nicht vergleichbar mit Lassalle und Bebel, ließe er sich doch mit Stephan Born und Baptist von Schweitzer in eine Reihe stellen. Obwohl allein, rief er eine neue Bewegung ins Leben. Sie sollte die Ideen Silvio Gesells aus der Theorie in die Praxis überführen, und zwar durch Mobilisierung der Arbeiterschaft.

Zu diesem Zweck war Georg Blumenthal auf sechs Ebenen tätig. Zum ersten als Agitator in Vorträgen und Diskussionsreden. Zum zweiten als Herausgeber und Redakteur der Zeitung PHYSIOKRAT. Zum dritten als sozialpolitischer Publizist und Schriftsteller. Zum vierten als Gründer und Leiter des Physiokratischen Verlags. Zum fünften als Organisator. Zum sechsten als flammender Sozialapostel.

Allein seine Beiträge im PHYSIOKRAT würden ein Buch von 350-400 Seiten füllen. Manche davon sind noch immer frisch und lesenswert, obwohl sie schon 1912 oder 1913 veröffentlicht wurden. Beispielsweise der Aufsatz '50 Jahre Arbeiterbewegung und was nun?' Darin nannte er die von ihm hervorgerufene Strömung 'moderne Physiokratie'. Sie sei im Gegensatz zum Staatsknechtstum der Marxisten 'eine *freiheitliche* neue Richtung der sozialen Bewegung'. Blumenthal war einer der wenigen Arbeiterführer seiner Zeit, die nicht über den Fallstrick der Marxschen Dialektik in ein geistiges Gehäuse der Hörigkeit hineinstolperten. Sein Denken blieb frei. Hörig war er nicht einmal Silvio Gesell. Er griff zwar dessen Ideen auf und versuchte mit aller Kraft, sie zu verwirklichen. Jedoch blieb eine gewisse Distanz spürbar. Außerdem stellte er seine eigenen Ideen daneben: Proletarischer Geldstreik, Allgemeine Aufteilung. Auch stand er dem Anarchismus nicht so nahe wie Gesell, wollte eher den physiokratischen Staat als gar keinen Staat.

Doch wie verhöhnte und verspottete er jene, die sich zur öffentlichen Futterkrippe drängten! Wollten sie aus demselben Trog wie die Schweine fressen? Wütend und verächtlich reagierte Blumenthal auf ein Wohlfahrtskomitee, das für alle eigenständig schaffenden Dichter und Philosophen staatliche Jahresrenten verlangte. Offenbar sei in diesen Leuten die Glut der Freiheit und Selbstachtung erloschen. Anscheinend bestünden sie nur noch aus Asche.

Befassen wir uns nun mit Georg Blumenthals Leben und Treiben. Es ist wert, nachgezeichnet zu werden. Geheimnisvoll war sein Anfang, geheimnisvoll auch sein Ende.

## 2

Sein Urahn kam womöglich während des 30-jährigen Krieges aus Skandinavien nach Deutschland. Der Vater war ein schwedischer Graf. Doch das wußte er nicht. Er wuchs vaterlos auf im körperlichen wie im geistigen Sinne. Selbst seine Seele war einsam und fröstelte in einer Zeit, da sie am meisten ebenso der väterlichen wie der der mütterlichen Wärme bedurfte.

In seiner Kindheit, die durch einen schmerzhaften Riß in zwei Teile gespalten wird, erlebt Georg Blumenthal noch einmal selbst die Vertreibung aus dem Paradies.

Das Paradies ist schon in seinem Namen angelegt. Es umgibt ihn als großer Garten in einem ostpreußischen Dorf, angefüllt mit Beerensträuchern, Obstbäumen und vielen Blumen. Dazwischen liegen verschwiegene Verstecke und Grasmulden. Auf einigen Beeten werden Kräuter und Gemüse gezogen, der größere Teil ist wie freie Natur. Der Garten wird von einer dichten Lebensbaumhecke abgeschirmt, durch die neugierige Blicke kaum etwas ausspähen können. Er liegt hinter dem strohgedeckten und moosbewachsenen Bauernhäuschen der Großmutter, in deren Obhut sich Georg befindet.

## 3

Die Großmutter ist im ganzen Dorf als Heilkundige geschätzt. Sie heilt durch Kräuter, Besprechungen und andere Mittel. Meist kehrt sie reichbeladen heim. Zwischendurch schicken ihr die Bauern Kartoffeln, Brote und Würste.

Bei der Großmutter fühlt sich Georg wohl und geborgen. Doch sie muß ihn oft allein lassen, um kranke Menschen und kranke Tiere aufzusuchen. Dann hält Georg sich gern im Garten auf. Die Wohlgerüche der Blumen und Kräuter verheißen ihm ein Märchenland der Herrlichkeit, in dem man keine Furcht zu haben braucht.

Georg ist ein sehr scheues Kind und von Geburt an sensibel. Er meidet das Spiel mit den anderen Kindern des Dorfes. Sie sind ihm zu grob und zu wild. Seine Spielgefährten findet er unter den Blumen des paradiesischen Gartens. Am liebsten hat er die 'Blauschuhchen'. Wenn er ihre Blüte sacht auseinanderbiegt, sieht er zwei kleine Pferde vor einer glänzenden Kutsche, in die er als Prinz einsteigen und mit der er weite Ausfahrten machen kann - wunderbare Reisen durch sein Traumland.

Einmal hat er fast den ganzen Tag im Garten verträumt. Da rufen ihn Dorfleute, die zur Großmutter wollen. Georg taucht wie ein Verzauberter auf. Rings um seine Mütze, aus allen Knopflöchern und Taschen, ja selbst aus den Schäften seiner Stulpenstiefel lugen farbenfrohe Blumen hervor. Wie aus einem Munde, mit den Fingern auf ihn zeigend, brechen die Dorfleute in ein höhnisches und weithin schallendes Gelächter aus: „Der bunte Georg - der bunte Georg!" Weinend flieht der Junge in den Garten zurück, und die großen Tulpen verbergen ihn. Wohin er in der Folge auch geht, überall heißt es spöttisch: „Der bunte Georg kommt." Auch die anderen Kinder schreien ihm diesen Spottnamen nach. Das macht ihn noch scheuer.

Georg ist ein 'Geisterseher'. Als dies zum erstenmal zutage tritt, durchfährt ihn ein bodenloser Schreck. Einmal kommt er mit der Großmutter sehr spät vom Markt zurück. Es ist schon dunkel. Sie müssen am Kirchhof vorbei. Am Eingang des mondbeschienenen Kirchhofs sieht Georg plötzlich einen unwirklichen schwarzen Pudel, der ihn mit feurig glühenden Augen anstarrt. Bebend greift er nach dem nächsten Zipfel von Großmutters Schürze und zieht ihn über sein Gesicht. In der Folge sieht er auch menschliche Geister, wobei ein Totenfest durch seine Seele zieht.

Die Großmutter ist gleich einer knorrigen Eiche und allen Stürmen des Lebens gewachsen, aber wie selbstverständlich auch ein gott- und geistergläubiger Mensch. Sie faltet die Hände über ihrer blauen Schürze und murmelt einen Vers aus ihrem kirchlichen Gesangbuch. In der Bibel findet sie sich nicht zurecht, aber das riesige Gesangbuch kennt sie auswendig. Sie weiß, daß der Junge früher lebende Wesen wiedersieht.

## 4

Im 6. Lebensjahr wird Georg von seiner Mutter nach Berlin geholt. Sie reißt ihn versehentlich mit der Wurzel aus. Tief, sehr tief reicht diese seelische Verwundung.

Das Versetzen aus dem ostpreußischen Dorf in die lärmende und brodelnde Großstadt ist ein Sprung in der zarten Natur Georg Blumenthals. Wie soll er in dem Straßenpflaster neue Wurzeln schlagen? Von da an fehlt ihm die unmittelbare Verbindung zur Erde. In Berlin fühlt er sich lange Zeit fremd und unglücklich. Freude macht ihm nur das Lernen in der Volksschule. Georg lernt so gut und leicht, daß ihn die Lehrer mehrmals auszeichnen. Sie empfehlen den Besuch des Gymnasiums und wollen für den Hochbegabten ein Stipendium erwirken. Doch die Mutter fühlt sich außerstande, ihrerseits für Kleidung und Schulbücher zu sorgen. Sie läßt den Sohn sogar vorzeitig vom Unterricht befreien, damit er als Mitverdiener Geld ins Haus bringt und möglichst bald für sich selbst sorgen kann. Anscheinend geschieht dies unter dem Einfluß ihres Mannes.

Georg ist ein nichteheliches Kind und erfährt von seinem eigentlichen Vater nur, daß er eine hochgestellte Persönlichkeit war. Nichtehelich geboren zu sein gilt damals als schwerer Makel. Georg Blumenthal mißt diesem Umstand überdies noch schicksalhafte Bedeutung zu. Daß ihn sein eigentlicher Vater im Stich läßt, ist für ihn ein Kaspar-Hauser-Erlebnis. Er hat nicht nur eine zarte, auch eine tragische Natur, die das Leben zu schwer nimmt. Umso größer ist jedoch sein Verantwortungsgefühl.

Die Mutter hat inzwischen einen Postbeamten geheiratet, einen ziemlich groben Gesellen, der gern trinkt. Wie des öfteren, kommt er eines Samstags angetrunken nach Hause und bringt einen Kollegen mit. Die Mutter bereitet in der Küche das Essen, während Georg in einer Ecke versucht, sich möglichst unsichtbar zu machen. Der Stiefvater philosophiert mit seinem Zechkumpan. Beide halten sich für aufgeklärt und sprechen herablassend über solche 'Faxen' wie ein Totenfest, da es Geister gar nicht geben könne.

Trotz seines Dusels erinnert sich der Stiefvater, daß Georg ein 'Geisterseher' ist. Seine Frau hat ihm davon erzählt. Er dreht sich zu Georg hin: „Komm mal hierher. Nu erzähl' mal, was du gesehen hast, aber nicht schwindeln, das sage ich dir."

Georg will scheu entweichen, doch der Stiefvater hält ihn fest. Er zieht den zitternden Jungen zwischen sich und seinen Kollegen: „Wirste wohl gleich erzählen!"

Stotternd berichtet Georg über das Erscheinen von sieben Geistern, der einstigen Männer und Söhne seiner lieben Großmutter. Er muß vormachen, wie sie dagestanden haben.

„Was wollten denn die Geister an dem Ofen?"

„Die Großmutter sagte, sie wollten sich wärmen."

Da erhält Georg von seinem Stiefvater eine wuchtige Ohrfeige, die ihn zur Seite taumeln läßt. „Da, du alter Esel, dir werd ich das Schwindeln abgewöhnen!"

Weinend wankt Georg hinaus und verkriecht sich in sein Bett, das in einer dunklen Ecke auf dem Korridor steht. Später schreibt er auf Drängen seines Freundes Emil Matthiesen das Totenfest-Erlebnis mit den sieben Geistern nieder. Die Erzählung wird 1903 in der Zeitschrift *Deutsche Heimat* veröffentlicht. Obwohl ein literarischer Erstling, verrät sie schriftstellerische Begabung. Diese wird sich jedoch künftig nur auf schmalen Seitenwegen ausleben können.

Bei keiner historischen Persönlichkeit sollte von der Art und Weise seiner Persönlichkeit abgesehen werden, geschweige von seiner Wesens- und Heilsgestalt, welche im politischen und sonstigen Daseinskampf gebrochen, aber niemals zerstört werden kann.

Die Wesensgestalt ist die Vertikale, die Zeitgestalt des jeweiligen Menschen seine Horizontale. Und beide fügen sich zum Kreuz, das jeder zu tragen hat. Georg Blumenthals Kreuz war schwerer als das der meisten Zeitgenossen. Es drückte vor allem auf seine Seele.

5

Doch zurück zu dem eingeschüchterten Jungen. Der Stiefvater drängt darauf, daß Georg so bald als möglich selber Geld verdient und eine Ausbildung erhält. Er gibt ihn als Lehrling in die Berliner *Engel-Apotheke*. Hier wird Georg zunächst als Bote beschäftigt. Er soll zum Provisor ausgebildet werden. Doch dazu kommt es nicht mehr.

Georg wollte eigentlich Tischler werden. Nach zwei Jahren sattelt er trotz den Widerstreben seiner Mutter und des Stiefvaters in dieses Handwerk um, das ihm mehr zusagt. Erstmals gibt er seinem Leben eine selbstbestimmte, eigenwillige Richtung. Fortan wird das immer so sein.

Als junger Tischler tritt Georg Blumenthal der Holzarbeitergewerkschaft bei. Er trifft Sozialisten und Anarchisten, die als 'vaterlandslose Gesellen' verschrien sind. Nach der Lehrzeit wandert er ein Jahr nach Ostpreußen und wieder zurück. Unterwegs bekommt und verteilt er radikale Flugblätter unabhängiger Sozialisten, aber es scheint darin etwas zu fehlen: der Kampf gegen den Mammon, gegen die Herrschaft des Geldes.

Nach Berlin zurückgekehrt, tritt Georg Blumenthal der kulturrevolutionären NEUEN GEMEINSCHAFT bei, dem ORDEN DES WAHREN LEBENS, der neue Sozialbildungen anregen will und sich für Gartenstädte einsetzen wird. Die NEUE GEMEINSCHAFT der Brüder *Hart* vereinigt vor allem Schöne Seelen und literarische Bohèmiens. In ihrem Kreis ist Georg Blumenthal wohl der einzige Arbeiter, dazu ein blutjunger, dem der Wind inneren Fragens und Suchens um die Nase weht.

Er besucht auch die Arbeiterbildungsschule, wo er in Abendkursen sein Wissen zu vertiefen gedenkt. Zu den Lektoren gehört *Benedikt Friedländer*, dessen Broschüre 'Der freiheitliche Sozialismus im Gegensatz zum Staatsknechttum der Marxisten' beträchtliches Aufsehen erregt und den Grundstein für den deutschen Anarchismus gelegt hat. Ihm fallen die klugen Einwände des jungen Tischlers auf. Ein Schüler gewinnt die Freundschaft seines Lehrers.

Durch Friedländer wird Blumenthal mit Landauer, Mackay, Damaschke, Ledebour, Wille und anderen bekannt. Damaschke vorgestellt, verblüfft er diesen durch profunde Kenntnisse der Grundrententheorie.

„Wie wäre es, junger Mann, wenn Sie dem Bund deutscher Bodenreformer beitreten würden? Wir könnten Sie dort gut gebrauchen." Blumenthal sagt nach kurzer Bedenkzeit zu. Doch der süßliche Ton in den Versammlungen der Bodenreformer mißfällt ihm ebenso wie die als Halbheit empfundene Theorie. Er gehört daher bald zur Opposition, dem linken Flügel. Damaschke will ihn nicht verlieren. Der Vorstand des Bundes kommt dem Stürmer und Dränger entgegen. Er beauftragt ihn mit dem Abfassen einer Broschüre: „Was hat der Arbeiter von der Bodenreform?" Damaschke spürt, daß Blumenthal die Proletarier besser als jeder andere ansprechen kann.

Die Broschüre soll eventuell in großer Auflage gedruckt werden. Damit ist Blumenthals literarischer Ehrgeiz angesprochen. Aber es geht ihm unvergleichlich mehr um Klarheit und Wahrheit. Seine Überlegungen und Nachforschungen ergeben, daß der Arbeiter nur dann etwas von der Bodenreform hätte, wenn er auch landwirtschaftliche Geräte bekäme sowie über die jeweiligen Bergwerke und Bodenschätze selbst verfügen könnte. Andernfalls befindet er sich in der Lage eines Mannes, der zur See fahren will, aber kein Schiff hat, nicht einmal einen Kahn. Mit bloßen Händen läßt sich der Boden nicht bebauen.

Aber wie ist diese Trennung von den Produktionsmitteln zu überwinden - auf marxistische Art durch ihre Enteignung und Verstaatlichung? Blumenthal geht in die öffentlichen Bibliotheken, schlägt in den Büchern von Adam Smith, Karl Marx, Eugen Dühring und anderen nach. Doch nirgends ist eine ihn überzeugende Antwort zu finden. Er will die Suche schon aufgeben, als er auf Silvio Gesell stößt.

6

Hier ist zunächst ein anderer Strang seiner Entwicklung zu beachten. Georg Blumenthal sieht weiterhin Geister. Diese Fähigkeit vergeht bei ihm nicht. Sie wandelt sich nur und wird zur Pforte einer anderen Welt. Liegt diese hinter der realen, ist sie ihr Abbild oder Gegenstück? Zielt die Evolution auf eine Vergeistigung aller Materie? Ist die Materie nur verdichteter Geist? Gibt es vielleicht doch einen Gott und Schöpfer aller Dinge?

Das sind Fragen, die Blumenthal innerlich bewegen und zu einem Suchenden machen. Es liegt daher nahe, daß er sich früher oder später einer okkulten Bruderschaft zuwenden wird, in der ein Wissen darüber aufgehäuft ist. Und wo er Menschen finden kann, die seine sonderbare Fähigkeit nicht belächeln oder gar lächerlich machen, sie vielmehr als einen verheißungsvollen Fond betrachten. Im Sinne von Rudolf Steiner ist er ja ein spontaner Hellseher, der die Hellsichtigkeit ohne einen spirituellen Schulungsweg erworben hat, dem sie womöglich gar angeboren war, wie ein „zweites Gesicht".

Von den drei okkulten Bruderschaften, die es damals in Berlin gibt - Freimaurer, Rosenkreuzer und Theosophen - wählt Georg Blumenthal die letztere, wohl hingezogen durch seine buddhistische Ader. Entweder tritt er der Theosophischen Gesellschaft 1901/02 bei, als Rudolf Steiner noch nicht Generalsekretär der deutschen Sektion war, oder 1904/05, was wahrscheinlicher ist. In diesem Fall wäre eine dualistische Alternative zu vermerken: einerseits die Hinwendung zum Anarchismus, zum Bund der Bodenreformer und zur Natürlichen Wirtschaftsordnung Silvio Gesells, andererseits zur Esoterik jenseits des politischen Getriebes. Anscheinend beschreitet Blumenthal beide Wege, die jedoch immer weiter auseinanderlaufen und ihn daher zu einer Entscheidung zwingen.

Als er die ersten Male an den Sitzungen der Theosophischen Gesellschaft teilnimmt, ihrer eben erst entstehenden Nordberliner Loge, freut er sich, „endlich Menschen gefunden zu haben, welche sich mit dem 'Einen, das not tut', beschäftigen." Ihr provisorischer Präsident Ernst John ehrt Blumenthal durch einen so hohen Grad des Vertrauens, daß er zum Mitbegründer der Nordberliner Loge wird. Anscheinend führt er ihn auch in den privaten Kreis seiner Familie ein, um ihn - über seine sanftmütige Frau - noch fester an die Theosophie zu binden. Für sie sind die verschiedenen Reiche - vom mineralischen bis zum menschlichen - durch Ausgießungen des Geistes in die Materie entstanden, welche sich im Verlaufe weiterer Jahrtausende immer mehr vergeistigen wird, so auch der Mensch unter dem Einfluß von Karma und Reinkarnation.

Georg Blumenthal ist dankbar für die empfangene Belehrung, jedoch wirkt sie auf ihn eher verwirrend als klärend. An ihm arbeiten nicht nur Blavatsky, Hartmann und Steiner, sondern auch Stirner, Mackay und Nietzsche - sie drängen in eine andere Richtung. Die Theosophische Gesellschaft ist auf eine universale Bruderschaft eingeschworen, in der Gesellschaft scheinen sich jedoch egoistische Triebkräfte - die des rücksichtslosen Kampfes ums Dasein aus dem Willen zur Macht - zu offenbaren. Blumenthal gerät in eine geistige Krisis. Am 1. November 1906 trifft er die Entscheidung und erklärt seinen Austritt aus der Theosophischen Gesellschaft in Deutschland.

Die Erklärung ist sehr persönlich und versöhnlich abgefaßt. Sein Austritt beruhe nicht auf einem leichtfertigen Entschluß, sei vielmehr das Resultat reiflicher Überlegung und ernsthafter Prüfung. Das geistige System der Theosophie erscheine ihm als eine Art Zwangsjacke, die er für seine Person sprengen müsse. In der an Ernst John adressierten Austrittserklärung heißt es weiter:

„Die Erfahrungen und Beobachtungen, die ich in Ihrer Gesellschaft machen mußte, haben mich ferner davon überzeugt, daß eine gegenseitige Verständigung ausgeschlossen und somit ein längeres Verweilen in Ihrem Kreise sowohl für Sie als auch für mich unersprießlich sein dürfte. Dabei will ich nicht unterlassen, Ihrem persönlichen Verhalten meine Anerkennung auszusprechen. Auch fühle ich mich der (Theosophischen) Gesellschaft als solcher zu Dank verpflichtet ..."

Da Georg Blumenthal in seiner Austrittserklärung von einem „Zweig" statt von einer Loge spricht - ein Bezeichnungswandel, der auf Rudolf Steiner zurückging - ist anzunehmen, daß er Vorträgen desselben mehrmals beigewohnt hat. Darüber liegen jedoch keine Hinweise und Aufzeichnungen vor. Womöglich war die aus der Theosophie hervorkommende Anthroposophie für Georg Blumenthal zu christlich betont.

7

Sein Austritt aus der Theosophischen Gesellschaft hängt ohne Zweifel mit Silvio Gesell zusammen. Er erfolgt nur sieben Monate nach dessen erstem Besuch (am 6.3.1906).

In Damaschkes Zeitschrift ist Blumenthal auf ein Inserat des noch Unbekannten gestoßen, der eine Schrift über die Geld- und Bodenreform anzeigt. Er stutzt. In einer Verbindung von Geld- und Bodenreform könnte die Lösung der Arbeiterfrage liegen. Er bestellt die Schrift und findet beim Lesen seine Ahnung bestätigt.

Zwischen den beiden Männern beginnt ein reger Briefwechsel, wobei Blumenthal der unermüdlich Fragende und Gesell der unermüdlich Antwortende ist. In gewisser Hinsicht bestätigen sie sich gegenseitig. Gesell hat diese Bestätigung ebenso nötig wie Blumenthal, war er doch nahe daran, zu verzweifeln und in seiner geistigen Einsamkeit zu ersticken. 1906 fährt er kurz entschlossen nach Berlin, um den wißbegierigen jungen Mann persönlich kennenzulernen. Ihr menschlicher und sachlicher Einklang ist so groß, daß sie schon nach kurzer Zeit Freundschaft schließen. Blumenthal hat seinen Meister gefunden, der ihn in die Geheimnisse der Geldwirtschaft einweiht. Er fängt Feuer und stellt sich sogleich in den Dienst der neuen Idee.

Die begonnene Bodenreform-Broschüre legt er beiseite. Wichtiger als das, was er geschrieben, war die Spur, zu der es ihn geführt. Ohne Damaschke hätte er Gesell nicht gefunden. Er schreibt einen Artikel für die Zeitschrift VOLKS-ERZIEHER: 'Die Boden- und Geldreform als moderne Physiokratie'. Damit ist auch schon das Stichwort da. Es wird wie ein Fehdehandschuh in die soziale Welt geworfen. Die Fehde gilt dem Marxismus. Hatte sich Gesell hauptsächlich an das Bürgertum, an wirtschaftliche und wissenschaftliche Fachleute gewandt, so trägt Blumenthal seine Idee in das Proletariat, in die Arbeiterbewegung hinein, welche seit dem Fall des Bismarckschen Sozialistengesetzes stürmisch in die Breite wächst.

An ihr politisches Zentrum, die Sozialistische Partei Bebels und Liebknechts, klopft er freilich vergebens. Dafür gelingt es ihm, das Interesse von Anarchisten, Anarcho-Syndikalisten und Unabhängigen Sozialisten zu wekken. Sie laden ihn ein, die physiokratischen Ideen darzulegen. In solchen Kreisen wirbt er die ersten Kämpfer, in deren Seelen das Stichwort „Neu-Physiokratie" wie ein Zündfunke fällt. Es sind fast ausschließlich Männer von ganz links, anarchistisch oder wenigstens antiautoritär gesinnt. Das wird später als verhängnisvoll bezeichnet werden. Doch in diesen Randgruppen der Arbeiterbewegung geht der ausgestreute Samen nun einmal am schnellsten auf. Zu Blumenthal gesellen sich Otto Stolz, Bernhard Zack und andere. Mit ihnen und einigen von Damaschke gekommenen Personen bildet er 1909 den 'Verein für physiokratische Politik'. Gesell tritt ihm von Argentinien aus bei; er spendet auch 200 Mark als finanzielle Grundlage. Der Anfang ist gemacht, der Keim einer neuen Bewegung gelegt.

Auf dieser provisorischen Grundlage hält Georg Blumenthal weitere Vorträge. Er gibt auch einige Flugblätter heraus. Im Jahre 1910 gründet er den Physiokratischen Verlag, der unverzüglich die Herausgabe von Gesells Schriften vorbereitet. Zunächst erscheint 'Das Recht auf den vollen Arbeitsertrag'. Georg Blumenthal sieht im vollen Arbeitsertrag die Erfüllung der sozialistischen Sehnsucht von Millionen. In der Tat ist mit dieser Formel ein elementares Bedürfnis des Proletariats angesprochen. Es fragt sich freilich, ob eine Sprache gefunden wird, in der sich das Proletariat erkennt, und ob diese Sprache lebendig genug ist, um in seiner Seele widerzuklingen.

Im Mai 1912 gibt Georg Blumenthal die erste Nummer einer neuen Zeitschrift heraus. In Absprache mit Silvio Gesell nennt er sie 'Der Physiokrat'. Auf der ersten Seite ist ein von ihm selbst verfaßtes Gedicht abgedruckt: 'Mammons Sturz'. Es soll wie eine Sturmglocke sein und das Proletariat aus dem Schlaf reißen. Das Gedicht ist sehr lang - es hat nicht weniger als

13 Strophen - aber vom Anfang bis zum Ende von einer zitternden Spannung erfüllt.

> „Der Götze Mammon sitzt seit alten Tagen
> in seines Tempels labyrint'schen Raum;
> für ihn allein muß sich die Menschheit plagen.
> um ihn bewegt sich ihres Glückes Traum.
> Wer *seine* Gunst im Leben hat errungen,
> dem ist der Weg zu Macht und Ehren frei,
> dem wird des Lebens hohes Lied gesungen,
> den drückt nicht mehr des Alltags Tyrannei.
> Es dienen ihm die Mächtigen der Erde,
> es fronet ihm der Arbeit bleiche Schar,
> es opfert ihm die Menschheit - die betörte
> ihr Heiligstes auf seinem Hochaltar.

Obwohl ein politisches Gedicht, hat es poetischen Wohlklang. Jeder weiß, was Mammon ist. Mit sicherem Gespür hat Blumenthal den volkstümlichen Ausdruck für Geld- und Zinsherrschaft gefunden.

Der Aufmachung nach ist die neue Zeitschrift dürftig, fast ein Unikum. Dennoch wird sie zum Quell einer recht vielfältigen und breiten freiwirtschaftlichen Literatur.

Blumenthal hat keinerlei Erfahrung, wie man so etwas macht. Es fehlen ihm auch alle technischen Voraussetzungen, um eine normale und äußerlich ansprechende Zeitschrift herzustellen. Er fängt einfach an. 'Der Physiokrat' soll zunächst in zwangloser Folge je nach Bedarf und Interesse erscheinen.

Sein Programm ist jedoch sehr anspruchsvoll. Es soll ein Hort der Hochherzigkeit, der Freiheit und Wahrhaftigkeit sein. Auch ein Mittel zur Verständigung und Klärung für alle, die noch schwankend sind, kurz „ein sicherer Wegweiser für den Fortschritt der Menschheit zu höherer Kultur, Freiheit und Gerechtigkeit."

Die neuen Physiokraten, so kündigt Blumenthal an, wollen „die alten Formen sprengen" und nicht nur eine Macht neben anderen, vielmehr „die ausschlaggebende, intellektuelle und soziale Macht überhaupt werden". Er ist sicher, daß dies erreicht werden kann. Denn die moderne Physiokratie bedeutet den „höchsten vernunftgemäßen Ausdruck der sozialen Bewegungen und Bestrebungen aller Zeiten und Völker." Ihre Bewegung wird daher wie ein fressendes Feuer um sich greifen, über den ganzen Erdball flammen und mit ihrer Glut das Goldene Kalb zum Schmelzen bringen, den größten Götzen der Welt, vor dem sich die Völker seit Jahrtausenden im Staube wälzen!

Im Vergleich zu solchen Visionen erscheinen alle anderen sozialen Bewegungen als nebensächlich oder irregeleitet. 'Der Physiokrat' will sich daher mit Sozialisten, Kommunisten und Anarchisten auseinandersetzen. Darüber hinaus mit den Antisemiten, den National- und Alldeutschen, den Schul-, Kultur- und Ehereformern. Sie alle bedürfen der Aufklärung, aber einigen soll auch scharf auf die Finger gesehen werden.

Den sozialen Bewegungen der Arbeiterschaft fehlt „ein neuer, sicherer Armeebefehl", der ihre Zerrissenheit überwinden, auch Freund und Feind reinlich trennen könnte. Diesen Armee- und Marschbefehl hat Silvio Gesell ausgegeben. Wie eine Fanfare soll er nun über den Erdkreis ertönen.

Georg Blumenthal ist ein sozialer Apostel, vom missionarischen und chiliastischen Geist erfüllt. Und doch bewahrt er sich eine gewisse Nüchternheit. Sie läßt ihn vor dem Fanatismus warnen, der die Menschen „zu Narren macht und verblendet". Sie läßt ihn auch ahnen, daß, abgesehen von vornehmen und idealgerichteten Charakteren, „die ganze Masse schon naturgemäß zu unseren erbitterten Feinden gehören" und auf der Seite derer stehen wird, die dem Grundbesitz und dem Geldkapitalismus ihre bevorzugte Lebensstellung verdanken. „Denn wir stören den süßen Frieden des Stumpfsinns, die holde Eintracht der Dummheit." Die neuen Physiokraten tragen den sengenden Feuerbrand der Erkenntnis in das öffentliche Leben, und sie bringen das Schwert!

Die geistige Erweckung Blumenthals durch Gesell hat seine Zunge gelöst. Aus seinem Munde fließt ein feuriger Strom von Worten, als wäre in ihm ein Vulkan aufgebrochen. Aber diese Lavaflut ist in das winzige Flußbett einer obskuren Zeitschrift gebannt, die dem Gespött der Arbeiterpresse und dem Totschweigen bald zu erliegen droht.

In einer Auflage von 500 Exemplaren gedruckt, findet sie in der Tat nur wenige Leser. Unter diesen sind indes einige - wie Dr. Christen und Paulus Klüpfel -, denen die keimende physiokratische Bewegung viel verdankt. Mit Christen und Dr. Stanisic überschreitet sie schon die deutschen Grenzen. In Deutschland selbst bilden sich mehrere Gruppen. Binnen einer einzigen Woche hält Klüpfel vier öffentliche Vorträge. Otto Maaß, ein Lehrer aus Erfurt, spricht vor etwa 100 Kollegen und Geistlichen über die Freiwirtschaft. Aus Siebenbürgen schickt Paul Klemm 2.000 Mark zur Unterstützung des Physiokratischen Vereins - damals ein kleines Vermögen. Daher gelingt es, das unscheinbare Blatt zu einer regelmäßig erscheinenden Monatsschrift zu machen. Silvio Gesell schreibt eine ganze Reihe von Beiträgen. Redigiert wird es von Blumenthal.

8

Entgegen der Behauptung, Georg Blumenthal sei lange Zeit arbeitslos gewesen, wechselt er nur seinen Arbeitsplatz: von der Tischlerwerkstatt in die Post. Von Anbeginn seines bewußten Lebens ist ihm ein starker Trieb zur Unabhängigkeit eigen. Schließlich gelingt es - mit Hilfe Gesells - den langweiligen staatlichen Postdienst aufzukündigen und einen eigenen Laden zu eröffnen, in dem Textilien verkauft werden.

So ist Blumenthal endlich selbständig. Als Schriftsteller wäre er freilich ungebundener. Und der kleine Laden wirft gerade nur den Lebensunterhalt für seine Familie ab. Überdies ist er eng und ungesund. Die dahinterliegende Stube dient als Versammlungslokal für den Physiokratischen Verein und als Büro des Physiokratischen Verlags. Bei der Verlagsarbeit hilft längere Zeit Gesells Tochter Johanna, auch Tutti genannt.

Georg Blumenthals Freundeskreis ist wie eine Krone mit echten Perlen und Diamanten besetzt: Benedikt Friedländer, der Dichter John Henry Mackay, der Grenzwissenschaftler und Sankritgelehrte Emil Matthiesen, Bruno Wille, der naturalistische Romancier Wilhelm Hegeler. Als größte Gunst, von der Geschichte selbst gewährt, betrachtet Blumenthal jedoch die Freundschaft mit Silvio Gesell, in dem er den genialen Pionier eines neuen Zeitalters sieht.

Im Jahre 1913 hält er die Zeit für gekommen, dem Physiokratischen Verein eine bestimmtere Form zu geben, die dennoch so elastisch wie nur möglich sein soll. In Berlin wird die „Physiokratische Vereinigung" gegründet. Im Unterschied zum Verein streicht sie das Wort Politik und erklärt, sie sei eine „wirtschaftliche Kampforganisation", weil die soziale Frage vor allem eine ökonomische ist. Darüber hatte es schon zwischen Marx und Bakunin eine harte Auseinandersetzung gegeben.

Georg Blumenthal entwirft für die „Physiokratische Vereinigung" ein Statut, das noch immer seinesgleichen sucht. Es umfaßt nur 10 Punkte, kennt keinen Vorstand, keine formellen Eintritte noch Ausschlüsse, nur autonome Gruppen und ihre Beauftragten. Auch die Minderheiten sind berechtigt, solche Beauftragten zu wählen oder zu bestellen. Jede Gruppe der Vereinigung „ist selbständig und gestaltet sich das Flußbett der Bewegung nach ihrem eigenen Ermessen." Diesem Ermessen sind auch die Beiträge anheimgestellt. Der Erfolg des Kampfes soll durch freien Wettbewerb unter den Gruppen sowie zwischen Mehrheiten und Minderheiten gewährleistet werden. Minderheiten sehen sich allein insofern anders behandelt, als ihre Beschlüsse nur als Vorschläge gelten, während die der Mehrheiten verbindlich sind. Mitglied ist jeder, der Freiland, Freigeld und Festwährung verwirklichen will. Die Zugehörigkeit zu einer anderen Organisation gilt nicht als Hinderungsgrund. Die „Physiokratische Vereinigung" besteht aus Gruppen und Einzelmitgliedern, denen gemeinsame Ortstagungen zur Förderung gleicher Bedürfnisse empfohlen werden.

Damit ist es erstmals gelungen, statt eines Organisationsstatuts ein Bewegungsstatut zu schaffen. Blumenthal nennt es treffend „Flußschrift". Denn die Entwicklung gleicht einem Fluß, „immer beweglich, läßt sie sich nicht in starre Bedingungen binden." Die physiokratische Bewegung, welche schließlich alle Schaffenden umfassen soll, kann nicht von einer Zentrale und Spitze her dirigiert werden. Sie muß sich vielmehr auf zweckmäßigste Weise der Entwicklung anpassen, um jede Dogmatik und Einseitigkeit zu vermeiden. Daher kann die „Flußschrift" jederzeit erweitert und Hinderliches aus ihr gestrichen werden.

Von Disziplin ist keine Rede, vielmehr von einer freien Vereinbarung, die als genaues Gegenteil kommunistischer Parteistatute betrachtet werden kann, welche von oben übergestülpt sind.

## 9

Der „Physiokrat" muß im April 1916 durch Schikanen der Kriegszensur für drei Jahre aussetzen. Georg Blumenthal benutzt die ihm auferlegte Zwangspause, um einen Vortrag zu überarbeiten, den er bereits im März 1913 auf Einladung des „Sozialwissenschaftlichen Vereins" in der Landwirtschaftlichen Hochschule in Berlin gehalten. Er erörtert auch Fragen und Einwände, die er damals nicht mit genügender Klarheit hatte beantworten können. Das wird nun mit deutscher Gründlichkeit nachgeholt. Unter der Hand wächst aus dem Vortrag ein kleines Buch von 94 Seiten. So entsteht eine der ersten physiokratischen Werbeschriften, „Die Befreiung von der Geld- und Zinsherrschaft. Ein neuer Weg zur Überwindung des Kapitalismus."

Stilistischer Glanz ist von vornherein populärer Ausdrucksweise geopfert. Mit Bedacht rückt jedoch Blumenthal nüchterne Tatsachen „in das wärmere Licht der sozialen Gerechtigkeit". Das Geld ist für ihn ein Kulturfaktor, auf den entgegen kommunistischer und anarchistischer Wunschträume nicht verzichtet werden kann. „Kulturaufstieg und Verbesserung des Geldwesens gehen stets Hand in Hand." Dessen Verschlechterung bewirkt kulturellen Verfall.

Der Grundfehler bestand darin, das Geld unvergänglich zu machen. Produktionsmittel und Waren sind seine Büttel. Das Geld überträgt seine Kapitaleigenschaft auf alle anderen Wirtschaftsgüter. Der Unternehmer leistet nach Blumenthal den wichtigsten Teil der Arbeit, indem er sie organisiert. Wenn er noch mehr auf Seiten der Kapitalisten als der Arbeiter steht, so wegen seiner finanziellen Abhängigkeit von den ersteren. Sie wird mit der physiokratischen Geldreform verschwinden. Die Unternehmer, soweit sie nicht selbst Kapitalisten sind, werden dann Bundesgenossen der Arbeiter sein. Nicht das Privateigentum an Produktionsmitteln macht diese zu Ausbeutungs-Instrumenten, vielmehr die Kapitaleigenschaft des zinserpressenden Geldes. Das Proletariat muß durch ständige Unterentlohnung den Zinstribut für alle Produktionsmittel und sonstigen Kapitalanlagen aufbringen.

So hat Gesell seinen Engels gefunden, der es versteht, eine abstrakte Theorie in lebendige Anschauung umzusetzen. Von Blumenthals Buch erscheinen in kurzer Zeit drei Auflagen. Es spielt bei der Verbreitung Gesellscher Ideen eine ähnliche Rolle wie Engels Anti-Dühring bei der Verbreitung des Marxismus.

Doch auch Organisation tut not. Eine Idee, die keinen Organisator findet, wird nie zur Bewegung. Georg Blumenthal war der Fels, auf dem das Gebäude der physiokratischen Freiwirtschaft erbaut werden konnte.

Im Unterschied zu den Marxisten spricht er den noch kaum vorhandenen Individualismus der Arbeiter an. Sie sollen selbst Unternehmer werden. Der volle Arbeitsertrag wird sie in den Stand setzen, „die Geschäftsanteile der Betriebe zu erwerben, in denen sie arbeiten." Werden die physiokratischen Reformen durchgeführt, so winkt ihnen die „Erlösung von der unerhörten Zinsknechtschaft". Gesell spricht von Zinsherrschaft. Er wirkt weniger aufreizend.

Zum erstenmal erklingt der Begriff Zinsknechtschaft wie eine Fanfare. Kein anderer als Blumenthal ist sein Schöpfer. Für ihn faßt er das Wesen des Kapitalismus und zugleich des Mammonismus zusammen.

Allerdings, erst die „restlose Heranziehung aller bisherigen Arbeitslosen wird die Zinsrate sinken lassen". Wer ein paar Tage auf seiner Bärenhaut liegt, macht sich schon schuldig? Ein Gleichgewicht von Angebot und Nachfrage bedingt, „daß alle überhaupt verfügbaren Kräfte in den Strudel der wirtschaftlichen Betätigung gerissen werden." Kein schönes, eher ein bedrohliches Bild, Wer will in einen Strudel hineingerissen werden?

Georg Blumenthal betreibt auch individuelle Werbung für die physiokratische Idee. Er schreibt an einflußreiche Persönlichkeiten, schickt ihnen Unterlagen, fordert Fragen heraus und beantwortet sie. Einer seiner Adressaten ist Ernst Niekisch, damals noch Mitglied der SPD und Mitarbeiter des „Vorwärts". Später wird er als Nationalbolschewist von sich reden machen. Blumenthal gelingt es, Niekisch für die Physiokratie so einzunehmen, daß er sich innerhalb der Sozialdemokratischen Partei für sie einsetzen will.

Das bestätigt er ihm schriftlich in einem Brief aus Augsburg vom 25.2.1918: „Es ist meine feste Absicht, innerhalb der Partei für sie zu werben. Nicht bloß in der Presse, sondern auch in Vorträgen." Niekisch stellt das Prinzip des Sozialismus über die Sozialdemokratie. Er will gemeinsam mit den neuen Physiokraten „eine geschlossene Front bilden, die dem Alten Untergang, dem Neuen Sieg bedeutet!" Gerade er wird Gesell im März 1919 in München zum Volksbeauftragten für das Finanzwesen der Bayrischen Räterepublik vorschlagen. Ohne Georg Blumenthals Vorarbeit wäre es vielleicht nicht dazu gekommen. Allerdings kennt Niekisch schon zwei Reden Gesells. Blumenthal schickt ihm auf seinen Wunsch hin weitere Schriften.

November 1918. Deutschland ist besiegt, der Krieg verloren, worauf der Zusammenbruch folgt. Von Kiel aus rast die Revolution, einen funkensprühenden Schweif hinter sich herziehend, über das ganze Land. Sie explodiert wie ein Kugelblitz in Berlin. Alle Revolutionäre sind von diesen Ereignissen überrascht. Keine ihrer Gruppierungen hat ein hinreichend klares und überzeugendes Gegenwartsprogramm. Die gesellschaftliche Macht ist der Sozialdemokratie in den Schoß gefallen, doch sie weiß nichts damit anzufangen. So entsteht ein Vakuum, ein riesiges saugendes Loch, über dem die „Sozialisierung" wie eine Heilsbotschaft geistert. Sie wird sogar durch ein Staatsdekret in baldige Aussicht gestellt. Aber jede Richtung der Arbeiterbewegung hat davon eine andere Vorstellung. Und will sie für sich nützen.

In diese Verwirrung wirft Georg Blumenthal ein neues Wort: „Allgemeine Aufteilung". Es ist von unerhörter Kühnheit. Wie im Fieber entsteht eine Broschüre: „Sozialisierung oder Aufteilung?" Die erste Auflage von 1.000 Stück geht Anfang 1919 hinaus. In einer zweiten folgen weitere 3.300 Exemplare. Sie fallen wie Regentropfen auf glühende Steine und verzischen.

In allen bisherigen Umwälzungen hat man die Form über den Inhalt erhoben, die politische Freiheit über die wirtschaftliche gestellt. So kam es, daß man sich an einer äußerlich neuen Staatsform und an Schlagworten berauschte. „Aber die Knechtschaft ist geblieben, weil auch in der freiesten Republik die ökonomische, die wirtschaftliche Freiheit fehlt, solange die Macht des Geldes unbeschränkt herrscht und die Arbeit zu ihrem Sklaven macht."

Nun besteht erstmals in Deutschland die Möglichkeit, eine Gesellschaftsordnung zu schaffen, in der ein jeder unter gleichen Bedingungen den vollen Ertrag seiner Arbeit erhält. Um die gleichen Bedingungen herzustellen, bedarf es der allgemeinen und gleichmäßigen Aufteilung des gesamten Volksvermögens, von dem jeder Deutsche etwa 10.000 Mark bekommen könnte.

Wer sich an die Sozialisierung klammert, stellt das Mittel über den sozialistischen Zweck, eine ausbeutungslose Volkswirtschaft herbeizuführen, „wo jeder Verdienst tatsächlich nur auf persönlichen Leistungen beruht" und daher für Ausbeutung kein Raum mehr ist. Durch Sozialisierung fällt der Wettbewerb unter den verschiedenen Betrieben fort, auch der individuelle Antrieb zur Höchstleistung. Indes kann die durch den Krieg zerrüttete Wirtschaft nur durch diesen Wettbewerb und mittels dieses Antriebs wieder hochgebracht werden. Die Enteignung der Produktionsmittel bringt keine wirtschaftliche Freiheit, sondern weiteren Niedergang und allgemeine Staatsknechtschaft. Der lockenden kommunistischen Lösung: „Jeder nach seinen Fähigkeiten, jeder nach seinen Bedürfnissen!" stellt Blumenthal die Frage entgegen, was größer sei: die Arbeits- oder die Konsumtionsfähigkeit? Sicher die letztere.

Karl Kautsky, Haupttheoretiker der SPD, hat einmal geschrieben: wenn man uns nachweisen könnte, daß der Sozialismus auf einem anderen Wege als der Aufhebung des Privateigentums an Produktionsmitteln durchsetzbar ist, so werden wir diesen anderen Weg beschreiten. Georg Blumenthal erbringt auf seine Weise den gewünschten Nachweis. Doch sein Vorschlag zur „Allgemeinen Aufteilung" ist anscheinend selbst den Radikalsten zu radikal. Auch Silvio Gesell. Er nennt ihn bolschewistisch.

Aber Georg Blumenthal läßt sich nicht beirren. Im Kommunismus werden die Tüchtigen und Fleißigen auch von den Faulen ausgebeutet. Wohin sollen sie sich wenden, wenn es nur noch einen einzigen allmächtigen Arbeitgeber gibt? Die Revolution darf kein Racheakt sein. Blumenthal weiß, die Arbeiter hätten „den großen und kleinen Mammonisten" viel in Rechnung zu stellen. Aber nichts kann die erlittene Schmach sühnen oder geknicktes Leben wieder aufrichten. Die Revolution kam wie das Jüngste Gericht. Sie streift Fessel um Fessel ab. Aber zugleich rufen viele Arbeiter nach der Diktatur des Proletariats. Der Kommunismus würde sich nicht nur gegen das Bürgertum wenden. Er nähme den Arbeitern auch das heiligste und letzte Recht - das Recht auf sich selbst. In einem Strudel reißt er alles nach unten, statt wie die Physiokratie nach oben. Die wirksamste Rache wird Gerechtigkeit sein.

Kein freier Mensch darf die Sorge um seine Existenz, für Frau und Kind dem Staat oder der Gesellschaft aufbürden. Der Preis wäre, die eigene Freiheit, Frau und Kind als Staats- oder Gemeineigentum in Kauf zu geben. Verstaatlichung, Vergesellschaftung, Kommunalisierung, Kommune - das sind trügerische Zukunftsbilder. Statt der *Sozialisierung* ist eine Personalisierung nötig.

Blumenthal ruft alle Arbeiter auf, die von der Novemberrevolution gebrachte politische Freiheit zu bewahren, statt sie irgendwelchen Demagogen auszuliefern. Nicht soziale Gleichheit, sondern Gleichheit der Freiheit soll das sozialistische Fundament sein. Das ist eine neue Perspektive.

In einem gesonderten *Aufruf zur Freiheit* heißt es: *„Arbeiter Deutschlands. Ihr steht am Scheidewege. Zwei Wege öffnen sich für Euch und die Zukunft der Welt: der staatssozialistisch-kommunistische und der physiokratisch-individualistische. Etwas anderes gibt es für die Zukunft nicht mehr und alles*

*soziale Streben wird immer in eine dieser beiden großen sozialen Strömungen*
*... münden.*"

Georg Blumenthal schreibt diese Zeilen unter dem Donner von Kanonen und dem Rattern von Maschinengewehren während des Berliner Spartakusaufstands. Dazwischen bellen die Revolver oder peitschen einzelne Gewehrschüsse. Für Blumenthal ist das ein Bruderkampf zwischen Kommunisten und Sozialdemokraten, eine Selbstzerfleischung des Proletariats, der er blutenden Herzens durch das Fenster zusieht. Die Physiokratie soll dem Bruderkampf Einhalt gebieten und das Proletariat um ihr Banner einen. Die Stunde ist da, um die physiokratische Wirtschafts- und Gesellschaftsordnung mit einem Schlage einzuführen. Eine allgemeine Aufteilung des Volksvermögens würde ihre Grundbedingung schaffen und allen Menschen einen neuen Start ermöglichen.

Es ist, als wenn in Blumenthal ein Volkstribun erwacht wäre. Unverkennbar hat ihn die Leidenschaft der Politik ergriffen, vielleicht auch der Ehrgeiz, dem Wachs der Geschichte seinen Namen einzudrücken. Er spricht zwar als Physiokrat, aber in eigenem Namen. Anscheinend stieß sein Vorschlag einer *Allgemeinen Aufteilung* selbst innerhalb der Vereinigung auf Widerspruch, zumindest auf Bedenken, die er nicht ausräumen konnte.

Wegen solcher Bedenken ist Gesell aus der Vereinigung ausgeschieden, ohne daß es zu einem Krach gekommen wäre. Er hat Blumenthal noch bei der Fahnenkorrektur geholfen, doch von der Veröffentlichung aus politischen Gründen abgeraten. So sah sich Blumenthal zu einer Eigeninitiative gezwungen. Die Physiokratie darf die Revolution nicht verschlafen. Sie muß an ihren Mittelpunkt vorstoßen und den Unbemittelten sogleich eine greifbare Verbesserung bringen, wenn sie große Massen mitreißen will.

Er legt seiner Broschüre das Muster eines Anteilscheins über 10.000 Mark sowie den Entwurf eines Siedelungs-Freibriefs bei. Außerdem skizziert er bereits die Ausführungsbestimmungen. Die Personalisierung des Volksvermögens soll durch ein Aufteilungsamt und durch ein Grundrentenamt erfolgen. Der Unternehmer kann in seinem aufgeteilten Betrieb bleiben und solche Personen namhaft machen, „*die ihm als Teilhaber zusagen und sich ihrerseits durch eine entsprechende Beteiligung hinsichtlich ihres Anteils am Volksvermögen als abgefunden erachten".* Blumenthal möchte, daß möglichst viele Arbeiter Vermögensteile (Aktien) ihres oder eines anderen Betriebes erwerben - die Idee der Volks- oder Sozialaktie geht bis auf ihn zurück.

Doch kann man sich seinen Anteil auch in bar oder in Grundbesitz auszahlen lassen. Für solchen Grundbesitz prägt Blumenthal den Begriff des *Freibauern.* Er erhält einen Teil aufgelöster Rittergüter und entrichtet dafür im voraus eine Jahrespacht. Die Pachtsummen werden vom Grundrentenamt den Müttern und Kindern in Monatsraten bar ausgezahlt, als Gegenleistung für jene Mehrbelastung, die der Frau durch die Kinderpflege zufällt. *„Auf diese Weise würde jedes Kind Mitbesitzer des ganzen Landes."*

Die Anteile Unmündiger sollen dem Grundrentenamt zur weiteren allgemeinen Verteilung überwiesen werden. In die Rechte Verstorbener treten die Neugeborenen ein.

Anscheinend hat Georg Blumenthal sein Projekt gründlich durchdacht. Doch das Echo auf seinen Vorschlag ist schwach. Wie gebannt starren die Massen auf das Schlagwort „Sozialisierung", das indes eine leere Verheißung bleibt.

Blumenthal ist beharrlich. Nur die Allgemeine Aufteilung des Volksvermögens würde das beleidigte Gerechtigkeitsgefühl des arbeitenden Volkes versöhnen. Er spricht aus dessen Mitte heraus als ein Gedemütigter, der seinen Menschenstolz bewahrt hat. Und er redet mit feurigen Zungen:

*„Alle Berge sollen fallen und alle Täler sollen sich heben, bei diesem sozialen Erdbeben, bis alles gleich und ebenmäßig ist ... Alle Dinge müssen umgewertet werden! Es darf von der kapitalistischen Zwingburg kein Stein auf dem anderen bleiben!*

*Und ich beginne mein Werk damit, daß ich hiermit öffentlich die Hand ausstrecke, um das Goldene Kalb - den Götzen der Welt - von seinem Sockel zu stoßen. Proletarier, Arbeiter! Ihr arbeitenden Frauen und Mädchen! Mit*

*Euer Aller Hilfe hoffe ich das zu vollbringen. Und ich liefere Euch das Rüstzeug, das geistige Dynamit zu Eurer Mithilfe bei diesem Werk!"*

Es ist die Revolution, die so redet. Sie spricht durch Georg Blumenthal, mit seinem Munde. Er fühlt sich berufen, sie zu vollstrecken. Bei ihm hat sich glühende Leidenschaft mit dem kühlsten Verstande gepaart.

Blumenthal ruft die Arbeiter zur „Propaganda der Tat" auf. Das riecht nach Bakunin. Unter Propaganda der Tat versteht man damals Sabotage, terroristische Akte, auch den Königsmord, um eine massenhafte Erhebung auszulösen, wie das in Italien, Spanien und sogar in Frankreich von den Anarchisten versucht worden ist.

Für Blumenthal hat die Propaganda der Tat nichts mit Gewalt zu tun. Er meint drei proletarische Aktionen zur Herbeiführung der physiokratischen Wirtschafts- und Gesellschaftsordnung: Aufteilung, Freigeld, Freiland. Ihre ausführenden Organe sollen sein:

1. die Aufteilungsbank
2. das Geld- und Währungsamt
3. das Grundrentenamt.

Sollen diese drei neuen Zentralbehörden vom Staat ins Leben gerufen werden? Blumenthal denkt eher an ein Physiokratisches Komitee, das von den Berufsorganisationen und Gewerkschaften unterstützt wird.

Mit ihm ist ein Träumer in die Politik gekommen. Schon 1913 hat er geglaubt, Millionen Arbeiter würden in einen proletarischen Geldstreik treten, sobald sie ein Physiokratisches Komitee nach gehöriger Aufklärung in der Zeitschrift PHYSIOKRAT dazu aufruft. Nun denkt er wieder an eine Revolution von unten. Seine Tochter Hanna schreibt über ihn: „Er konnte sich nur schwer zurechtfinden in einer Welt, die so weitgehend mit seinen Träumen differenzierte." Nur zeitweilig bringt er sein inneres Leben in Übereinstimmung mit den äußeren Verhältnissen. Immer wieder läuft seine Phantasie weit voraus, den Kreis der Möglichkeiten durchbrechend. Er hat unbegrenztes Vertrauen in die Arbeiterschaft, während Gesell eher skeptisch ist und daher die Rechte der Massen beschränken möchte.

Beide sind darin einig, daß die Macht und Dämonie des Geldes gebrochen werden muß. Doch wofür Gesell 20 - 30 Jahre veranschlagt, will Blumenthal in fünf Jahren erzwingen. Beide haben ein leidenschaftliches Temperament, doch der Jüngere ist ungeduldig.

Die Allgemeine Aufteilung geht weiter als das, was in Rußland geschah. Mit einem Schlage soll der Kapitalismus gänzlich abgeschafft werden. Aber wer mehr verlangt als ihm zusteht, wolle volkswirtschaftlichen Diebstahl begehen. Wer aus Bescheidenheit und Gütmütigkeit mit weniger zufrieden ist, handle wie ein Narr oder Schwächling. Blumenthal will weder Diebe noch Narren um sich haben.

Die Privatbetriebe sollen in Volksaktien-Gesellschaften umgewandelt werden. Ihr Betriebskapital wäre nur noch ein Darlehen, kein Eigentum mehr. Auch das ist eine neue Idee. Doch aus dem revolutionären Strom zweigt sich nur ein Rinnsal in das Flußbett der Physiokratie ab.

Auch wird die Physiokratische Vereinigung durch den Aufteilungsplan weit überfordert. Sie ist alles andere als eine proletarische Organisation. Da sitzen Arbeiter und Beamte, Handwerker und Schriftsteller, Journalisten und Ärzte nebeneinander. Von Homogenität kann keine Rede sein, weder von einer sozialen noch von einer politischen.

Blumenthal versucht, die Physiokratische Vereinigung aus einem losen Zweckverband in eine disziplinierte Organisation umzuwandeln. Das gelingt ihm nur ansatzweise. Immerhin bringt er es fertig, ihre große Mehrheit für die Allgemeine Aufteilung zu gewinnen, obwohl Silvio Gesell einen Gegenvorschlag einbringt. Kein anderer hätte das zustandegebracht, gilt doch Gesell als Meister und Genie der Volkswirtschaft.

Neben der Physiokratischen Vereinigung sind ein Freiland-Freigeld-Bund und ein Freiwirtschaftsbund entstanden. Außerdem bildet sich eine Völkische Fraktion heraus.

Blumenthal ist kein Freund einer Einheitsorganisation, paßt sich jedoch den Wünschen Gesells an, der freilich mit den Völkischen bricht.

Im Oktober 1020 spricht er auf dem Erfurter Bundestag des „Deutschen Freiland-Freigeld-Bundes" über die Geschichte der physiokratischen Idee. Mehrere Mitglieder des Bundes fühlen sich zu Richtigstellungen veranlaßt. Jedoch wird schließlich ein Ausschuß gewählt, der das Programm und die Satzung eines einheitlichen Verbandes vorbereiten, auch über seinen Namen beraten soll. In diesen Ausschuß werden Gesell, Blumenthal, Suhren und Tuercke gewählt.

Im Mai 1921 findet in Kassel die Vereinigungskonferenz statt. Es kommt zu einem kleinen aber bedeutsamen Zwischenfall. Blumenthal wendet sich von seinem revolutionären Standpunkt aus gegen den vorgeschlagenen und von den meisten Delegierten unterstützen Namen „Freiwirtschaftsbund", der ihm zu reformistisch klingt.

Da steht Gesell auf: „Georg, Physiokratie ist mehr als Freiwirtschaft und sie kommt erst, wenn die Freiwirtschaft verwirklicht ist."

Blumenthal stutzt einen Augenblick. Dann sagt er: „Ich weiß; die Physiokraten werden mich nicht verstehen, aber ich will dir folgen, Silvio!"

Doch die Vereinigung läuft nicht glatt. Bald zeigen sich Risse, bis es 1924 zum offenen Bruch zwischen bloßen Freiwirtschaftlern und Physiokraten kommt.

Georg Blumenthal nimmt an der Berlin-Herrnhauser Tagung vom Mai 1924 teil, die den Bruch besiegelt und die Gründung des „Physiokratischen Kampfbundes FFF" beschließt. Er plädiert für eine dezentrale Gliederung im Sinne der „Physiokratischen Vereinigung": „Wer durch unsere Schule gegangen ist, der wird ein zuverlässiger Kämpfer sein."

Die Hauptgeschäftsstelle des „Physiokratischen Kampfbundes" bringt Blumenthals Prinzipienerklärung als eigene heraus, was darauf schließen läßt, daß sie ihrer Gesinnung entspricht.

In das Kampfbundprogramm wollen viele Physiokraten Blumenthals 1918/ 19er Vorschlag der „Allgemeinen Aufteilung" einbauen. Dagegen schreibt Silvio Gesell seine Broschüre „Die Allgemeine Enteignung im Lichte physiokratischer Ziele". Ihm ist die Tendenz, nicht auf ein Mittel zu verzichten, „durch das wir uns vor den Massen als echte Bolschewisten vorstellen", durchaus verständlich. Diese Konzession an die kommunistisch-sozialistische Ideenwelt soll die Physiokratie dem Proletariat mehr mundgerecht machen. Sie müßte jedoch ihr Hauptziel - Sättigung des Kapitalmarktes und Beseitigung des Zinses - abdrängen.

Gesell befürchtet auch, daß es einer revolutionären Regierung, die er im Unterschied zu Blumenthal für die Aufteilung voraussetzt, an unbestechlichen Personen fehlt. Etwa ein Drittel oder ein Viertel der zur Unselbständigkeit erzogenen Menschen würde das ihnen übergebene Kapital nicht sachgemäß verwalten, so daß ein Vermögen von 100 Milliarden Mark aus dem Deutschen Reich verschwände. Zugleich begänne der Proletarisierungprozeß von neuem. Die meisten Anteilinhaber dürften ihre Scheine „zu irgendeinem Preis losschlagen", um zu barem Geld zu kommen. Ein gewaltiger Andrang von Verkaufsanträgen brächte einen Kurssturz. Viele würden die 10.000 Mark einfach verjubeln und verprassen, so daß ihr Vermögen „ohne nennenswerte Gegenleistung in die Hände anderer wandert, wodurch die Ungleichheit der Vermögen sofort wiederhergestellt wird."

Zahlreiche Wünsche würden sich jedoch auf Dinge richten, die gar nicht vorhanden sind oder in zu geringer Menge. Wirkliche Besserung kann nur ein Hochbetrieb der Wirtschaft bringen. Sonst würden auch jene, denen der größte Teil ihres Vermögens genommen worden ist, bald rebellieren. Und wie sollten die vielen neuen Aktionäre ihre Firmen kontrollieren?

Gesell hat wahrhaftig - diesmal als bewußter Schwarzseher - alle Unwägbarkeiten des Blumenthalschen Projektes aufgedeckt. Seltsam ist nur, daß er fast stets von Enteignung spricht, die Blumenthal als Sozialisierung ablehnt. Allgemeine Aufteilung und allgemeine Enteignung sind bei weitem nicht dasselbe; die meisten hätten etwas dazubekommen.

Wie dem auch sei, Gesell hält den Einbau von Blumenthals Vorschlag in das Programm des „Physiokratischen Kampfbundes" für „kontraproduzent" und gefährlich. Er würde die physiokratischen Ziele nicht fördern, ihnen vielmehr schaden. Wahrscheinlich hätte er nur zur Folge, „daß sich die Plünderer unter unserer Fahne organisieren".

Gesells Broschüre liegt ein Vortrag zugrunde, den er auf einer Versammlung des Kampfbundes hielt. Spaltet sich die NWO-Bewegung an der Spitze?

Blumenthal antwortet auf Gesells Einwände nicht. Er hält sich von den inneren Auseinandersetzungen des Kampfbundes fern. Hat er doch sein bestes getan. Nun mögen die Physiokraten selbst entscheiden. Sie sind ja mündige Menschen. Die Mündigkeit ist für Blumenthal das Siegel der Freiheit.

Bezüglich des Programms setzt sich Gesells Anschauung durch, daß eine 75%ige Vermögensabgabe hoch genug ist. Mit ihr sollen zunächst die Schulden der öffentlichen Hand - des Staates - getilgt werden.

Blumenthal ging es nicht um die Sanierung des Staates, sondern um einen Neubeginn der Gesellschaft. Darin unterscheidet er sich von Gesell, jedenfalls ab 1919.

12

1925 erscheint seine Broschüre „Individuum und Allgemeinheit". Als Kampf- und Aufklärungsschrift zur Überwindung des Kapitalismus angekündigt, kann sie auch als philosophischer Kommentar zur physiokratischen Prinzipienerklärung aufgefaßt werden.

Diese Broschüre ist ein Novum in der sozialen Literatur. Blumenthal legt die physiokratische Weltanschauung in vehementen Angriffen auf die drei Grundwerte der Linken dar: Menschheit, Brüderlichkeit und Gerechtigkeit.

Zunächst rechnet Blumenthal mit dem linken Postulat ab, der Menschheit zu dienen. Diese ist „eine verstockte, charakterlose Dirne, die sich demjenigen hingibt, der ihr den Fuß auf den Nacken setzt und sie die Peitsche kosten läßt." Niemand soll sich mehr für sie aufopfern. Den Idealisten hat sie von jeher übel mitgespielt. Wer sie bessern und veredeln will, „den bringt das Scheusal um". Der schmachvolle Tod des Gerechtesten aller Menschen zeigt ein für allemal, daß die Welt ein ewiges Golgatha ist, wo das Gesindel die Edelmütigen ans Kreuz schlägt oder steinigt. Beflissen haben die Idealisten die Bestie im Menschen übersehen. Dessen wahres Antlitz entdeckten erst Stirner, Mackay und Nietzsche. Es ist an der Zeit, die Erkenntnisse dieser Männer für das praktische Leben nutzbar zu machen.

Wer dies tut, wird auch die Brüderlichkeit als Phrase erkennen. Sie ist ein Wahngebilde. Jeder, der auf sie setzt, wird betrogen und gebeutelt. Wo scheinbar verwirklicht, erweist sie sich als Posse.

Das gilt ebenso für die Gerechtigkeit. Niemand soll Güte und Mitleid erwarten. „Wir wissen, daß es kein anderes Recht gibt, als das des Klügeren, Vorsichtigeren, Erfolgreicheren, kurz - des 'Stärkeren'." Wer sich nicht fressen lassen will, muß einen stetigen und schonungslosen Kampf ums Dasein führen. Es ist ein Kampf auf Leben und Tod, in dem von keiner Seite Gnade gewährt wird. Wer ihn bestehen will, muß ein Krieger und immer wachsam sein. Er sollte ein Herz von Stein haben, so kalt, daß es von keinem Gejammer erweicht werden kann. Menschenrechte gelten in einer Welt von Wölfen nicht.

Rücksichtslose Brutalität, gesteigert bis zu raffinierter und wollüstiger Grausamkeit, ist ein allgemeines Naturgesetz, vom Menschen abwärts bis zu den Mikroben. „Deshalb nennen wir uns Physiokraten, weil wir die Herrschaft dieses Naturgesetzes bewußt anerkennen, uns ihm einordnen und mit ihm rechnen, da wir sonst geräuschlos von ihm zermalmt werden." Es gibt nur die Alternative zwischen Weltflucht und Kampf. Die Physiokraten haben sich für den Kampf entschieden. Sie führen ihn nicht aus Liebe zu den Menschen oder zum Volke, nicht aus Gerechtigkeitsgefühl und Güte, sondern um ihrer selbst willen.

Als ich das las, mußte ich an einen ähnlichen Satz von Karl Marx denken, der sinngemäß lautet: „Wir haben keine Ideale zu verwirklichen, sondern das unerbittliche Gesetz des Klassenkampfes zu vollstrecken, aus dem heraus ganz unvermeidlich der Kommunismus geboren wird."

Georg Blumenthal bemüht sich um ein realistisches Menschenbild, das frei von Illusionen ist. Aber muß er deshalb alle Ideale herunterreißen, die in der Arbeiterbewegung viel tiefer als der Marxismus wurzeln?

Er will mit dieser Broschüre die *geistige* Befreiung des Proletariats vorantreiben, das noch umnebelt und irregeleitet, daher auch unselbständig sei, „beraubt der natürlichen Waffen, mit denen die Natur ihre Geschöpfe für den Kampf ums Dasein ausrüstet". Er möchte den Arbeitern die Binde lösen, die ihnen von den herrschenden Klassen seit Jahrtausenden über die Augen gelegt worden ist. Diese Scheuklappe muß selbst um den Preis fallen, daß die physiokratische Lebensauffassung die Arbeiter zunächst vor den Kopf stößt. Das angeblich klassenbewußte Proletariat taumele ja wie blind im Kreise herum, statt geradewegs auf das Endziel der persönlichen, wirtschaftlichen und geistigen Befreiung loszugehen. Es ist dazu verführt worden, den Götzen Allgemeinheit anzubeten und ihm gerade das aufzuopfern, was die Befreiung herbeiführen könnte: die Personalität.

Zuerst wird der Arbeiter durch Schule, Kirche und Militär in die enge Staatsschablone gepreßt. Was nach solcher Pferdekur noch an Selbständigkeit übrig ist, wird „in irgendeine Partei- oder Gewerkschaftsschablone gezwängt, so daß die große Masse des Volkes schließlich ... aus lauter inhaltslosen 'Nullen' besteht, denen nur die 'vorgesetzte' Eins Inhalt und Wert verleiht". Das Proletariat traut sich selbst nichts mehr zu; es blickt nur auf den jeweiligen „Führer". Der Sozialist oder Kommunist soll aber nicht nur seine Persönlichkeit aufgeben und bedingungslos dem Parteiführer folgen. Darüber hinaus soll er sein ganzes Leben, Sinnen und Trachten einem übermächtigen Wesen widmen - nämlich der Allgemeinheit. „Die Allgemeinheit ist also der neue Götze und die erstrebte sozialistische oder kommunistische Gesellschaftsordnung, das ökonomische Jenseits auf Erden."

Solange die Arbeitermassen mit diesem Himmelreich und Schlaraffenland geködert werden können, ist die Sache der Physiokratie aussichtslos. Mit ihrer nüchternen Logik und ihrer harten, für alle sentimental Angekränkelten niederschmetternden Wahrhaftigkeit kann sie nicht aufkommen gegen die alten christlichen Gespenster, welche in der sozialistisch-kommunistischen Gedankenwelt in neuzeitlicher Vermummung erscheinen.

Den einzigen Ausweg sieht Blumenthal in einer radikalen Aufklärung, die er bis ins äußerste Extrem treibt, um alle Götter und Götzen mit Nietzsches Hammer zu zertrümmern, sie Stirners Gespött und Mackays Hohn auszuliefern. Aber paßt er eigentlich zu diesem Dreigestirn? Mir ist, als wenn er an ihm seine Seele wundgerieben hätte. Ein klagender Ton irrt durch die Broschüre.

Schon in der Physiokratischen Prinzipienerklärung hat Blumenthal von „Gottes-Urteilen" der Natur gesprochen, die erbarmungslos alle weniger Lebenstüchtigen aussiebt oder „geräuschlos zermalmt". Nun unterscheidet er auch zwischen höherwertigen und minderwertigen Menschen. Die Physiokratie sei „die Freude und Hoffnung der Starken, der Freien und aller ʻEntrechteten'". Man fragt sich, was die Starken mit den Entrechteten gemeinsam haben, die fast ausnahmslos zu den Schwachen gehören.

In der physiokratischen Weltanschauung, wie sie Blumenthal darlegt, ist die menschliche Vertikale ausgemerzt. Es fehlt darin auch die Wurzelkraft des Horizontalen, in dem das Füreinander angelegt ist - in der Ehe, im sozialen Mitgefühl, in der Solidarität und Revolte, in jenen Gemeinschaften, die über das Zweckmäßige hinausgehen. Für Blumenthal haben jedoch alle Vereinigungen nur den Zwecken der einzelnen Mitglieder zu dienen, der Ausweitung ihrer Macht und Herrlichkeit. Sie sind „höhere Formen des Kampfes ums Dasein", die diesen noch anspornen, um die „natürliche", geistige und materielle Rangordnung herzustellen. Eine an sich liberale Gesinnung, darwinistisch gewürzt, auch rechtsgedreht.

Ist Blumenthal vom Philosophen der modernen Physiokratie, die doch gerechtere Verhältnisse herbeiführen wollte, zum Philosophen des Darwinismus und Neo-Malthusianismus geworden? Zumindest unter dem Gesichtspunkt, daß er nun auf das Recht des Stärkeren pocht, während er vorher ein Anwalt der Schwachen war. Bei solcher Gesinnung könnten auch Freigeld und Freiland zu Instrumenten der „Starken und Freien" werden, die sich von den Unfreien nicht dreinreden lassen. Wie eine Wirtschaftsordnung praktisch wirkt, hängt weniger von ihrem institutionellen Mechanismus als von der Gesinnung ab, die hinter ihr steht und sie belebt.

Blumenthal nimmt an, daß ohne die Auslese in der harten Schule des Daseinskampfes alle höheren Lebensformen zusammenbrächen. Man müßte jedoch zwischen einer Auslese der Stärksten (im Daseinskampf) und der Edelsten (in der gegenseitigen Unterstützung) unterscheiden. Höhere Lebensformen gehen aus der zweiten hervor.

Blumenthal zitiert das Buddha-Wort: „Das bist du!" Auch bei ihm heißt es, Leben sei Leiden. Er ist alles andere als „hart und kalt wie Stein". In seiner Brust ringt eine sanftmütige Seele mit der Verführerin Gewalt.

Gerade der sozial empfindende Mensch neige am meisten zur Aufopferung auf dem Altar eines Götzen. Dabei darf ihm das eigene individuelle Leben ebensoviel gelten wie das der übrigen Menschheit. Freie Entfaltung und Höherentwicklung des Menschen ist nur auf der Basis seiner persönlichen Eigenart möglich. Diese stellt sein kostbarstes Eigentum dar. Marx schrieb, der Proletarier habe nichts als seine Arbeitskraft. Blumenthal sagt: Der Proletarier hat auch Persönlichkeit, selbst wenn sie noch so unentfaltet sein sollte.

In der persönlichen Eigenart liegt für jeden Menschen „das gerade für ihn bestimmte Vermächtnis". Sie muß daher vor jeder Verstümmelung bewahrt werden und freie Bahn bekommen. Das ist nur möglich, wenn jede Botmäßigkeit abgeschüttelt und jedes Privileg zerstört wird. An ihre Stelle muß die persönlich erbrachte Leistung treten, unter gleichen Bedingungen.

Bei Stirner ging der Einzige weitgehend im Egoismus auf, bei Blumenthal wird die persönliche Eigenart zur Triebkraft auch des geschichtlichen Wandels.

Beachtenswert erscheint mir auch der Gedanke, jeder Mensch müsse aus dem Staat austreten können. Seine Bürgerschaft sollte von freier Entscheidung abhängen. Der Ausgetretene würde allerdings - wie früher die Ausgestoßenen - „vogelfrei" sein.

Der soziale Instinkt des Menschen ist für Blumenthal zwar gleichbedeutend mit dem Arterhaltungstrieb und dieser nur ein „umsichtiger Egoismus", jedoch unterscheidet er treffend zwischen gegenseitiger und einseitiger Unterstützung. Bei Gegenseitigkeit müssen beide Teile etwas leisten. Wer jedoch nichts auf die Waagschale legen kann, ist „auf Mitleid, Gnade, Erbarmen angewiesen, was es in der ganzen Natur nicht gibt". Auch hier schimmert freilich das Leistungsprinzip durch. Uneigennützige und auf Gegenleistung von vornherein verzichtende Unterstützung zieht Blumenthal nicht in Erwägung. es ist jedoch wahr, daß einseitige Hilfe demütigen kann.

13

Die Broschüre „Individuum und Allgemeinheit" ist Georg Blumenthals letzte Schrift. Bald danach zieht er sich aus dem öffentlichen Leben und der NWO-Bewegung zurück, die aus zwei gegensätzlichen Teilen zu bestehen scheint. Wäre er darinnen geblieben, hätte er in den endlosen Streitigkeiten, obwohl er sie als fruchtlos erkannte, immer wieder Partei ergreifen müssen. Anscheinend konnte er diese Auseinandersetzungen nicht länger ertragen.

Die Freundschaft mit Gesell bleibt erhalten, ist aber abgekühlt. Blumenthal verkehrt nun hauptsächlich mit Emil Matthiesen, der inzwischen sein Hauptwerk „Der jenseitige Mensch" veröffentlichen konnte. Sie führen lange Gespräche über die Unsterblichkeit der Seele. Auch mit anderen Freunden und Bekannten wird über das Jenseits gesprochen, nicht zuletzt über Buddhas Nirwana.

Blumenthals Töchter wissen zu berichten, daß ihr Vater sich danach sehnte, endlich seiner tiefen Neigung zu religiös-philosophischen Fragen nachzugehen. Auf diesem Wege söhnt er sich mit dem Christentum im Sinne der Bergpredigt aus. Schon lange las er abends immer wieder in der Bibel. Ob sich darin nicht doch die Wahrheit finden ließe?

Die Betätigung als Physiokrat ließ einen Teil seines Wesens unbefriedigt, vielleicht sogar die eigentliche Bestimmung. Nun fällt der Ehrgeiz von ihm ab. Auch wollen die ihm persönlich geschlagenen Wunden geheilt werden. So entsteht in den letzten Lebensjahren ein Gedicht, in das sich seine ganze Seele ergießt:

Vergessen!

Ich liebe das Wort und ich liebe den Klang
der seltsam um die Dinge webt,
der sie mit eigenem Geist belebt,
und ihnen seinen Königsmantel leiht
oder sie schlicht in weißes Linnen hüllt - .
Dies Wort gilt jetzt mir mehr als alle anderen
mehr als der „Liebe" schillerndes Brokat
mehr als der eitle Ruhm der „großen Tat"
Du kleines Wort - Du gleitest unermessen
Wie stille Wellen - die kein Name nennt:
Oh sei mein Freund - wenn mich kein Freund mehr kennt
nimm Du mich dann in Deinen Arm - Vergessen.

Dieses Gedicht Georg Blumenthals umspielt ein Hauch von Einsamkeit. Es erinnert an ein anderes von Eichendorff: daß „ein Lied in allen Dingen schläft." Doch spricht sich auch eine tiefe Bitterkeit aus.

Ich glaube nicht, daß Blumenthal sein soziales Werk verleugnen und aus dem Gedächtnis löschen wollte. Sein Gedicht zieht einen Schlußstrich unter die gewaltigen Erwartungen, die er wie so viele vor und nach ihm an die Freiwirtschaftslehre und ihre Verwirklichung geknüpft hat. Vielleicht spielt auch Privates herein. Soweit er Anarchist war, hat Blumenthal nichts Anstößiges daran gefunden, daß sich zwischen seiner Frau und Silvio Gesell eine intensive Liebesbeziehung entspann, im übrigen seine eigene Untreue schon in den früheren Jahren der Ehe gegenüber Jenny mit Stirners Ego-Philosophie gerechtfertigt und ihr damit ebenfalls einen Freibrief erteilt. Es mag wohl sein, daß er als Opfer und angesichts des näherrückenden Todes auch seine philosophischen Überzeugungen mit in das Vergessen hineinziehen wollte. Wie dem auch sei, er trennt sich von seiner Frau und zieht nach dem Norden Berlins in die Bergstraße, wo er ein kleines Geschäft mit anhängender Wohnung übernimmt. Es liegt in einem proletarischen Viertel.

Georg Blumenthal möchte die Berliner Arbeiter von den geistigen Ketten des Marxismus befreien. Sie sind jedoch so arm, daß sie bei ihm kaum etwas kaufen können. Indes muß er vom Geschäft auch leben. So ist er auf die Frauen und Mädchen des handwerklichen Mittelstandes angewiesen. Ihnen gegenüber tritt Georg Blumenthal manchmal als Junggeselle auf, der noch zu haben sei. Ob ihm diese galante Rolle zusagt, ist sehr zweifelhaft.

Georg Blumenthal liebt die Natur. All sein Sehnen spannt sich in sie hinaus. Er möchte täglich durch den Grunewald streifen, doch dieser liegt seinem Proletarierviertel entgegengesetzt im Süden Berlins. Wie in einer anderen Welt, von der er abgeschnitten ist, eingesperrt in einen Block aus Stein, in den nur wie durch brüchige Ritze etwas Sonnenlicht sickert.

Mager und blaß steht Blumenthal in einem halbdunklen Raum hinter dem Ladentisch, auf Kunden für seine Kurzwaren wartend: Stecknadeln, Zwirn, Hosenknöpfe ... Krieg und Inflation haben ihn zermürbt, die Streitereien zwischen Freiwirtschaftlern und Physiokraten müde gemacht.

Jener Naturquell, der seine Glieder und seinen Geist wieder erfrischen könnte, liegt allzuweit entfernt. „Soviel Bäume stehen draußen in den Wäldern, aber für mich ist keiner dabei ..." Er sagt es wie ein Selbstgespräch.

Hanna weiß: „Er wäre so gern hinausgefahren zu seinen Freunden in Wald und Wiese, zu Pflanzen und Tieren, Sonne, Wolken und Winden." Ja, „Bruder Tier" - dieser Begriff könnte von Georg Blumenthal stammen, auch „Schwester Pflanze". Nun kann er sie nur sonntags besuchen, falls schönes Wetter und sonst nichts zu tun ist. Das Geschäft hat ihn zwar unabhängig gemacht, fesselt ihn aber an den Ladentisch.

Seine Wohnung ist recht eigenartig eingerichtet. Einige Räume stehen fast leer, man muß jeweils einige Stufen hinauf oder hinunter, um sie zu erreichen und zu durchqueren. Die beiden letzten Stufen führen in ein Zimmer, das Georg Blumenthal auf höchstpersönliche Weise wohnbar gemacht hat. Wer es betritt, der atmet die Atmosphäre von Stirners EINZIGEM! Auf einem großen gelben Schrank hockt scheinbar flugbereit eine Eule. Aus einer Ecke erhebt sich eine Kobra mit drohend aufgerichtetem Kopf - man glaubt ihr

Zischen zu hören. Doch die Eule ist ausgestopft und die Kobra aus fein ziseliertem, farbig angemaltem Metall. Auf Wandregalen sind ein chinesisches Teegedeck und asiatische Kunstgegenstände zu sehen, Geschenke von Emil Matthiesen, dem Sanskrit-Gelehrten. In Gesprächen mit diesem treuesten und nunmehr engsten Freund springt wieder Blumenthals buddhistische Ader auf. Da ist noch eine lebendige Seele.

Auch die persönliche Beziehung zu Benedikt Friedländer festigt sich erneut. Von ihm wird Blumenthal öfter zu einem Schachspiel eingeladen. Beide spielen ausgezeichnet Schach. Manchmal stundenlang. Abermals ist Blumenthal zu Gast bei dem Freund. Wie stets spielen sie in angeregter Stimmung. Kaum in seine eigene Wohnung zurückgekehrt, wird Blumenthal von Friedländers Frau angerufen: „Mein Mann hat sich soeben erschossen!" War es nur wegen jener Tropenkrankheit, die er sich bei einer Ostasienreise zugezogen? Der Hauch des Todes streift nun auch den Empfänger der Hiobsbotschaft.

Nach diesem Selbstmord eines Freundes stimmt Georg Blumenthal an Sonntagsmorgen zuweilen ein Gedicht von Schiller an. Er hat es mit einer eigenen Melodie selbst vertont:

> „Wohl ihm, er ist hingegangen
> wo kein Leid mehr ist,
> wo von Mais die Felder prangen,
> der von selber sprießt.
> Wo von Fischen alle Teiche
> lieblich sind gefüllt
> und die nie erfüllte Sehnsucht
> endlich wird gestillt"

Die Töchter erhoffen das, angesichts der Zwiespältigkeit seiner Lebens, auch für ihren Vater, wenn sie ihn so singen hören.

Zuweilen kauft er sich in seinem Elend eine Flasche Wein und trinkt sie Glas um Glas aus, worauf wieder Glanz in seine grauen, meist melancholischen Augen tritt. Dann kann er in neubelebter Hoffnung ausrufen: „Kinder, ich schaffe es doch noch einmal! ...“

Doch diese Hoffnung ist wie ein süßes Gift, das den tristen Alltag nur für einige Stunden überzuckert. Blumenthals Schwermut nimmt zu. Sie hängt sich wie mit Bleigewichten an und drückt ihn nieder.

Es liegen zwei Briefe aus dem letzten Halbjahr vor. Seine Schrift hat sich bis zur Unkenntlichkeit verändert. Die einst steilen Schriftzüge neigen sich müde zur Seite. Beide Briefe sind an Artur Rapp gerichtet, den Schwiegersohn.

Der erste wird am 27.1.1929 in Pförten geschrieben. Blumenthal hofft, daß er sich seine letzten Freunde nicht auch noch verschlage, doch habe er bestimmte Vorwürfe und Redewendungen schließlich nicht mehr hören können.

„Es ist für mich immer wieder das alte Lied. Und doch ist es für mich ewig neu. Sinn des Lebens, Sinn im elendhaften Alltag.“ Das sei für ihn stets der Drehpunkt, er könne nicht anders, als immer wieder nach dem Sinn des Lebens zu fragen.

Artur irre sich gewaltig. Kein Mensch kümmere sich heute um den anderen. „Alles rennt blindlings weiter, und wer das nicht tut, kommt unter die Räder!“ Doch wäre es mutlos und feige, inmitten der allgemeinen Engherzigkeit und Lieblosigkeit selber auch engherzig und lieblos zu werden. „Wir sollten doppelt so weitherzig werden. Aber ich höre Dich spotten: das ist ja Christentum, Religion, Mystik oder wer weiß was. Das stimmt nicht, keines von diesen, es ist die einfachste Vernunft.“ Man müsse nur, wie Erich Mühsam in einem neueren Gedicht gesagt, einander an den Händen fassen.

Es schneit. Am Nachmittag will Georg Blumenthal mit seinen Gummistiefeln in die Natur hinaus. „Ich möchte einmal ganz ruhig sein, nichts hören.“ Er habe vieles überbewertet und sei zum Schluß ganz kaputt gewesen. Nun will er alles so nehmen, wie es wirklich ist, nicht wie es sein soll. Auch sehr viel dazulernen, über Jahre! Er hat aufgehört, mit anderen Menschen über seine Gedanken zu reden und sie ihnen vorzuleben. „Wir müssen alle unseren Weg ganz, ganz allein gehen. Glaub' mir, diese Entdeckung erfaßte mich erst ganz langsam. Es ist für mich vielleicht das größte Leid." Fände er es doch viel schöner, wenn wenigstens die Freunde zusammengehen könnten. Artur soll seiner gedenken. „Man schreibt mir so selten."

Von seinem Aufenthalt in Pförten hat sich Georg Blumenthal einen neuen Anfang erhofft, auch in seinen Beziehungen zu früheren Freunden und guten Bekannten. Nach Berlin zurückgekehrt, fühlt er sich einsamer denn je. „Es lag also nicht an der Umgebung, ich selbst bin schuldig. In Pförten ist es nur erst richtig ans Tageslicht getreten, hat es sich schärfer ausprägen können, daß ich ein Individualist bin, der am besten fährt, wenn er ganz allein ist. Wenn ich in diesem Licht die letzten fünf Jahre betrachte, wird mir vieles klarer."

So schreibt Georg Blumenthal am 21.4.1929. Er gesteht offen: „Ich bin müde, müde des Redens von einer neuen Zeit, von Jugendbewegung. Lebensreform und ähnlichen Dingen. Das heißt nun nicht, daß ich diese Dinge ablehne, ich glaube eher, man kommt ihnen näher, wenn man nicht mehr davon redet. Ich verurteile nichts, jedem sei seine Eigenart gesichert, aber für mich taugen Bünde, Versammlungen usw. nichts! Vorläufig nicht."

Hier begegnen wir derselben Zwiespältigkeit wie im Januarbrief. Georg Blumenthal hat sich von den physiokratischen und freiwirtschaftlichen Organisationen abgesetzt, aber nicht abgekehrt. Er erwägt sogar, noch einmal sozialpolitisch aktiv zu werden. Es ist eine große Wahrheit, daß man einer Sache näherkommt, wenn man nicht mehr von ihr redet, sondern gleichsam ihren Pulsschlag hört.

Anscheinend wird sein Geschäft vernachlässigt. Blumenthal steht nur noch vormittags hinter dem Ladentisch. Er meidet nun jeden gesellschaftlichen Verkehr. „Ich treffe keine Bekannten außer meinem Bruder nebst Frau. Bei ihnen bin ich öfter, arbeite im Garten. Sonst bin ich am Abend bis 9 Uhr in der Stadtbücherei. Es ist für mich eine herrliche Erholung, wieder sämtliche Zeitschriften zur Verfügung zu haben. Dann gehe ich nach Hause, stehe um 4 oder 5 Uhr auf und lese. Dann arbeiten usw. Das ist mein Tageslauf."

Georg Blumenthal hat keine Lust mehr, außer seinem Schwiegersohn irgendjemand zu schreiben. Auch der Briefverkehr mit Silvio Gesell ist längst eingestellt. „Wozu auch, was soll ich von den Leuten?" Dabei fühlt er sich gar nicht so schlecht. „Im Gegenteil, ich sammle meine Erkenntnisse. ich weiß ja, daß ich unklar sehe, in vielen Dingen, Du brauchst es mir nicht immer sagen. Unklarheit ist keine tödliche Krankheit."

Was er in nächster Zeit tun wird, weiß er selber noch nicht. „Ich warte ab, in einigen Monaten wird sich manches entscheiden!" Zum Schluß entfährt ihm ein Geständnis: „Mir fehlt Land, Boden! Ein Acker, ein Garten, ein Haus! Wenn ich mich nicht irre, so habe ich eine große, unbeschreibliche Sehnsucht nach diesen Dingen." Bauer und Gärtner möchte Georg Blumenthal werden. Freiland ist für ihn eine existenzielle Frage geworden. Aber in diesen Begriff kann er seine Sehnsucht nicht mehr gießen. Den Sprachpanzer der freiwirtschaftlichen Terminologie hat er zerbrochen. Einfach und elementar sind jetzt auch seine Bedürfnisse. Er zitiert aus einem bäuerlich-romantischen Epos: Nicht Gold, schöne Gewänder und Schildpattmöbel begehre ein Gärtner, dafür

> sanften Schlaf unterm Baum beim fernen Brüllen der Herde
> fischreichen Teich und Sonne und Schatten;
> ihm hat noch, bevor er die Erde verließ,
> die Gerechtigkeit scheidend gelächelt ...

Wird die Gerechtigkeit auch Georg Blumenthal zulächeln, bevor er die Erde verläßt? Als er diesen letzten Brief an Artur Rapp schreibt, ahnt er nicht, daß er nur noch zwei Monate zu leben hat. Er endet mit einer ängstlichen Frage: „Lächelst Du, Artur?"

Zum Eigenerwerb von Grund und Boden fehlt Blumenthal das nötige Geld. Vermutlich will er sich einer Siedlungsgenossenschaft anschließen.

Nur noch einige Wochen gilt, was er über seinen Tageslauf geschrieben. Ab Mai 1929 fühlt er sich außerstande, sein Geschäft selbst weiterzuführen, ja auch nur jeden Morgen aufzustehen. Georg Blumenthal kehrt zu seiner Frau zurück, welche ohne Zaudern die Pflege des schwer Herzkranken übernimmt.

Darüber hinaus behandelt ihn ein Naturarzt, da er gewöhnlichen Ärzten skeptisch gegenübersteht. Bei seiner Frau in der Stubenrauchstraße fühlt er sich umsorgt und von ihr so gut gepflegt, daß ihn seine Töchter bereits auf dem Wege der Besserung glauben. Jennys Haus ist allerdings überfüllt. Für Georg konnte nur das kleinste Zimmer freigemacht werden, in dem er anscheinend nicht ganz die nötige Ruhe findet. Georg Blumenthal weiß, wie es um ihn steht. Er äußert den Wunsch, die Töchter möchten ihm in der Todesstunde ein Piccicatostück spielen.

Jenny fährt am Abend des 27. Juni 1929 in die Bergstraße, um dort in dem verwaisten Geschäft Staub zu wischen und wieder Ordnung zu schaffen. Auch zwei Töchter sind ausgeflogen. Maria ist mit ihrem Vater allein. Er sitzt auf seinem Bett, läßt sich ein feuchtes Tuch von ihr geben und preßt es an die Stirn. Maria wendet sich einen Augenblick ab. Da ruft er angstvoll ihren Namen, verliert das Bewußtsein - und stirbt.

Am nächsten Morgen erklingt vor dem geöffneten Fenster des Zimmers, in dem der Tote liegt, ein Piccicatostück. Maria lauscht ergriffen und erinnert sich des letzten Wunsches ihres Vaters. Sie tritt zum Fenster, um zu sehen, wem das meisterhafte Geigenspiel zu danken ist. Draußen steht ein unbekannter Mann. Er verbeugt sich ehrerbietig - vor dem Toten oder seiner Tochter? - und geht schnell davon, als wünsche er nicht, angesprochen und nach seinem Namen gefragt zu werden.

So ist jedes bedeutende Menschenleben in große, in gewaltige, ja in kosmische Zusammenhänge eingewoben, man weiß nicht wie.

Nachfolgende Erzählung ist nicht Bestandteil des Porträts; sie war als Werbung dafür gedacht.

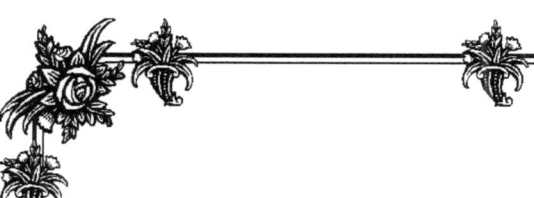

Günter Bartsch

# Das erste Blumenkind und der letzte Wunsch

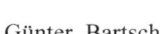

Georg Blumenthal ist als Kind wie in Märchen eingewoben - ein Träumer, der auch selber geträumt wird. Am liebsten hält er sich in den weichen Rundungen des Gartens seiner ostpreußischen Großmutter auf, die ihn als Heilerin oft alleinlassen muß. In dem großen Garten gibt es nur einige Beete für Kräuter und Blumen, sonst ist er der Natur überlassen, wie sie von selber wächst, nach ihren eigenen Mustern. Nach außen hin verwildert, fühlt sich Georg in ihm ganz zu Hause. Er meidet die anderen Kinder des Dorfes, sie sind für seine zarte Seele zu laut und zu grob.

So bleibt ihm nur übrig, mit den Blumen zu spielen, soweit das ein Menschenkind vermag. Am schönsten findet Georg das Blauschuhchen. In ihrer Blüte erschaut er zwei winzige Pferdchen vor einer goldlackierten Kutsche. Im Nu ist er ein Prinz und steigt ein. Ein leises Schnalzen, die Pferdchen ziehen an. Eine wunderbare Fahrt durch das Traumland beginnt. Manchmal träumt er, die Butterblumen in seinen Knopflöchern seien goldene Knöpfe, die Kressen in seinen Stiefeln goldene Sporen. Doch nie kommt ihm der Gedanke an eine Prinzessin.

Einmal verbringt Georg auf diese Weise einen ganzen Tag im Garten. Gegen Abend hört er Dorfleute rufen, die zur Großmutter wollen. Er weiß, sie ist wieder unterwegs zu einem Bauern, der kranke Kühe im Stall hat. Deshalb will er Bescheid sagen und kommt aus den Büschen, die ihn liebreich vor allen neugierigen Blicken verbargen, bis zur Gartenpforte. Doch wie sieht Georg aus? Aus den Jackenärmeln, aus allen Taschen und Knopflöchern, selbst aus dem Halsband und den Stulpenstiefeln lugen farbenfrohe Blumen. Weitere sind zum Kränzchen geflochten und um seine Mütze gelegt. An der Gartenpforte steht ein Blumenprinz.

Die Dorfleute staunen und verstummen. Wer hat je sowas gesehen? Aber dann, wie aus einem Munde, brechen sie in höhnisches und schallendes Gelächter aus, mit den Fingern auf den Jungen zeigend! „Der bunte Georg, der bunte Georg!"

Das laute Gelächter lockt weitere Dorfbewohner an, darunter auch Kinder. Bitter weinend und schluchzend flieht der Junge in den Garten zurück, wo ihn die Büsche und Beerensträucher wieder schützend umfangen. Weder Bitten noch Drohungen

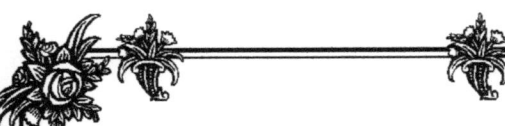

holen Georg heraus. Er verbringt die ganze Nacht unter einem Busch von Blauschuhchen. -

Bald zeigt es sich, daß er ein Geisterseher ist. Einmal, als er mit der Großmutter am Kirchhof vorbeigeht, sieht er dort einen unwirklichen schwarzen Pudel mit feurig glühenden Augen. Bebend greift er nach einem Zipfel ihrer Schürze und zieht ihn über sein Gesicht.

„Ein schwarzer Pudel, ein schwarzer Pudel!" raunt er der Großmutter zu und zeigt verstohlen auf den Kirchhof.

„Wo ist denn der schwarze Pudel? Ich seh' ihn nicht."

„Doch, sieh' man, dort an der Kirchhofstüre sitzt er ja und hat ganz fürerge Ogen."

„Das ist gewiß ein Alf."

Die Alte deckt dem Enkel mit ihrer blauen Schürze wieder das Gesicht zu und bringt ihn eilends in ihr Häuschen mit dem tief herunterhängenden Strohdach. Dort verkriecht er sich auf dem Boden, durch dessen offene Luke einige Strohhalme tasten, als wollten sie den Jungen kitzeln. Nach dem Garten fühlt er sich auf dem Dachboden am wohlsten. Er dient wie in den anderen Bauernhäusern als Vorrats- und Rumpelkammer.

Doch diesmal ist es unheimlich in ihm. Hinter den alten Spinnrocken und Webstühlen regt sich etwas. Und auf einmal sieht Georg in der Dämmerung glühende Augen. Auch hört er ein hastiges Atmen. Sonst hat er immer mit Märchenfiguren geschwatzt. Jetzt sieht er in einer Ecke den schwarzen Pudel vom Kirchhof. So schnell wie möglich klettert er die Leiter wieder hinunter.

Die Großmutter gibt dem verstörten Jungen zur Beruhigung süße Kuchenkringel, die sie gerade gebacken. Dann schlägt sie ihr riesiges, messingbeschlagenes Gesangbuch auf, in dem sie sich besser auskennt als in der Bibel, und stimmt ein Kirchenlied an.

Aus der stammelnden Beschreibung des Pudels durch Georg ist ihr aufgegangen, daß es sich wohl um den früheren Hund ihres verschollenen ersten Mannes handelt. Auch ihr zweiter Mann verschwand spurlos. Alle fünf Söhne sind gestorben. Die Alte seufzt und faltet ihre Hände im Schoße. Die Rückkehr des Pudels, der ihr damals Hut und Stock des ersten Mannes gebracht, hat bestimmt etwas zu bedeuten. Wahrscheinlich steht wieder ein Totenfest bevor. Oh ja, so wird es sein! Georgs Großke fegt die Stube mit einem Reisigbesen. Aus der

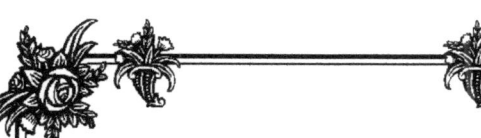

halbverfallenen Scheune holt sie weißen Sand und streut ihn über die Dielenbretter, worauf noch harzig duftende Tannenzweige gelegt werden.

„Die lieben Geisterchen haben heute ein schlechtes Wetter!" Großmutter lauscht dem heulenden und regengepeitschten Wind vor der Tür. Worauf sie den Ofen für die Nacht mit Holzkloben heizt, damit die lieben Geister nicht frieren.

Die Alte nimmt den Enkel mit in ihr Bett, um seine Angst zu beschwichtigen und ihn noch mehr zu wärmen. Kurz nach Mitternacht erwacht er und hebt den flachsblonden Kopf. Durch das Fenster blickt der Mond mit bleichem Gesicht. Vor dem dunklen Ofen stehen sieben weiße Gesichter, die beiden früheren Männer und die fünf verstorbenen Söhne der trauten Großke, mit zur Erde geneigten Gesichtern. Vor ihren Füßen liegt der schwarze Pudel, die Feueraugen auf Georg gerichtet ...

Bald muß er das Haus und den Garten seiner liebevollen Großke verlassen. Die Mutter holt ihn nach Berlin. Sie hat inzwischen geheiratet. Georgs Vater war ein schwedischer Graf, wovon er nichts weiß. Das Bett des Jungen stellt sie auf den Wohnungsflur in eine dunkle Ecke. Der Stiefvater schlägt ihn.

Seine einzige Freude ist die Volksschule, wo er den Lehrern durch hohe Begabung auffällt. Sie empfehlen ein Studium, doch Georg soll so früh wie möglich Geld hinzuverdienen. Er wird zu diesem Zweck einem Apotheker übergeben. Georg reißt aus und erlernt den Wunschberuf des Tischlers, wird Mitglied der Holzarbeitergewerkschaft, nimmt sein Felleisen und geht ein ganzes Jahr auf Handwerksburschen-Wanderschaft, unterwegs Flugblätter der unabhängigen Sozialisten verteilend. Nach Berlin zurückgekehrt, besucht er Abendkurse der Arbeitervolkshochschule, wo er den sozialpolitischen Schriftsteller Benedict Friedländer als Förderer und bald auch als Freund gewinnt. Friedländer bringt ihn mit Landauer, Mackay, Wille, mit Ledebour und Damaschke zusammen. Alle sind tief beeindruckt von diesem jungen Mann. Er schließt sich dem lebensreformerischen ORDEN DES WAHREN LEBENS der Brüder Hart und ihrer NEUEN GEMEINSCHAFT an, tritt dem Bund der Bodenreformer und einer Stirner-Vereinigung bei, entscheidet sich aber schließlich für Silvio Gesell und seine Freiland-Freigeld-Reform, für die er, zunächst auf sich allein gestellt, die organisatorischen, publizistischen und verlegerischen Voraussetzungen schafft. Doch die neue Bewegung spaltet sich in den 20er Jahren in mehrere Vereinigungen auf.

Bevor all das geschieht, hat Georg Blumenthal eine seltsame Begegnung. Eines Tages steht ein junger Inder vor seiner Tür, in Seide gekleidet und mit einem

Diamanten im schneeweißen Turban. Er lädt Georg zu einem Spaziergang durch den Grunewald ein. Dort schlägt er vor, mit ihm nach Indien zurückzukehren, als wäre auch Blumenthal dort zu Hause. Der Vater des jungen Inders ist ein Maharadscha, dessen Sohn ein Märchenprinz. Georg Blumenthal soll in das engere Gefolge des Maharadschas aufgenommen werden, ihn auf Reitelefanten bei seinen Ausflügen und Jagden begleiten.

Aber er lehnt das einmalige Angebot ab. Hat er doch gerade seine spätere Frau kennengelernt und möchte sie nicht verlassen. Indes, Jenny wird die Geliebte seines Meisters, allerdings erst, nachdem ihr Mann sie selbst veruntreut.

Er schreibt ein Gedicht unter dem Titel VERGESSEN. Dann bezieht er eine eigene, bohèmehaft eingerichtete Wohnung, deren Prunkstück eine drohend aufgerichtete Kobra ist, aus fein ziseliertem und farbig angemaltem Metall. Vor ihr sinnt er über den Sinn des Lebens nach.

Die Schwermut legt sich auf sein Herz. Georgs frühere Frau übernimmt die Pflege des Schwerkranken. Er äußert den Wunsch, eine der drei Töchter möge ihm in der Todesstunde ein Piccicatostück spielen, das er besonders gern gehört.

Am Abend des 27. Juni 1929 ist Georg Blumenthal mit einer Tochter allein. Der Schweiß bricht ihm aus. Er läßt sich ein feuchtes Tuch geben, preßt es gegen das Gesicht, verliert das Bewußtsein und stirbt. Stirbt so schnell, daß ihm die Tochter den letzten Wunsch nicht erfüllen kann.

Am nächsten Morgen erklingt vor dem offenen Fenster, hinter dem Georg Blumenthal aufgebahrt liegt, jenes Piccicatostück. Seine Tochter Maria blickt hinaus. Wem ist das meisterhafte Geigenspiel zu verdanken? Draußen steht ein Unbekannter, ein älterer Mann mit gütigen und traurigen Augen, wie ein Künstler aus einem Zirkus gekleidet. Er verbeugt sich ehrerbietig und geht mit seiner Geige auf dem Arm schnellen Schrittes davon.

Herausgeber und Druck: Anselm Rapp, München

## Vom Herausgeber sind weiterhin erschienen

Georg Blumenthal
**Die Befreiung von der Geld- und Zinsherrschaft**
Eine leicht verständliche Einführung in die
Natürliche Wirtschaftsordnung Silvio Gesells
Reproduktion der 1. Auflage 1916
Buch ISBN 978-3-7597-2047-4 € 7,99
Auch als E-Book

Maria Magdalena Rapp-Blumenthal
**Erinnerungen an Silvio Gesell und Georg Blumenthal**
Buch ISBN 978-3-75971-545-6
Auch als E-Book

Johanna Führer
**Der Tiefbesiegte – Gedichte mit Gemälden**
Die Freiwirtschaftlerin als Künstlerin
Buch ISBN 978-3-8448-0114-9 € 9,90
E-Book ISBN 978-3-8448-2215-1 € 8,45

Johanna Führer
**Das Kriegsende 1945 in Langenburg/Hohenlohe**
Letzte Tage davor und erste Tage danach
in ihrer Wahlheimat gekonnt geschildert
Buch ISBN 978-3-8391-8909-2 € 4,95
E-Book ISBN 978-3-8482-8940-0 € 3,99

**Informationen im Internet**

Anselm Rapp
www.verlag.anjora.de

Johanna Führer
www.johanna-fuehrer.de

Books on Demand
buchshop.bod.de/catalogsearch/result/?q=Anselm+Rapp